Wolfgang Detel

Warum wir nichts über Gott wissen können

Meiner

Bibliographische Information der Deutschen Nationalbibliothek

Die Deutsche Nationalbibliothek verzeichnet diese Publikation in der Deutschen Nationalbibliographie; detaillierte bibliographische Daten sind im Internet über ‹http://portal.dnb.de› abrufbar.
ISBN 978-3-7873-4021-7
ISBN eBook: 978-3-7873-3442-1

2., durchgesehene Auflage 2021

 Satz: Type & Buch Kusel, Hamburg. Druck und Bindung: BoD, Norderstedt. Gedruckt auf alterungsbeständigem Werkdruckpapier. Printed in Germany.

Inhalt

Einleitung: Zum Denken und Wissen über Gott

> Ist denn wohl unser Begriff von Gott etwas weiter, als personifizierte Unbegreiflichkeit?
> (G. C. Lichtenberg: Sudelbücher)

In diesem Essay soll nachgewiesen werden, dass wir Gott nicht erkennen und nichts über ihn wissen können. Das entscheidende Argument wird jedoch sein, dass wir Gott nicht einmal problemlos denken und *daher* erst recht nichts über ihn wissen können. Und zugleich wird sich herausstellen, dass Gott selbst kein Denker sein und daher überhaupt nichts denken kann.[1]

Gott zu denken bedeutet, wie Holm Tetens kürzlich zu Recht betont hat, für einen rationalen Gläubigen (einen Theisten) weitaus mehr, als lediglich über eine widerspruchsfreie Idee von Gott zu verfügen.[2] Es bedeutet zum Beispiel auch, das Dasein von Gott ernst zu nehmen, mit guten Gründen auf Gott zu hoffen und rational über Gott reden zu können.[3] Dafür ist das Verfügen über eine widerspruchsfreie Idee von Gott lediglich eine notwendige Bedingung.

Dieser Essay soll plausibel machen, dass bereits diese notwendige Bedingung für einen akzeptablen Theismus nicht erfüllt ist. Als endlichen Wesen ist es uns Menschen nicht möglich, eine widerspruchsfreie Idee von Gott zu entwickeln. Wir können den Begriff von Gott nicht mit einem spezifischen Inhalt (einem *semantischen Gehalt*) ausstatten, der ohne unbegründete Spekulationen, vage Analogien und problematische Schlussfolgerungen auskommt. Und daher können wir weder rational über Gott reden noch mit guten Gründen auf Gott hoffen, noch das Dasein Gottes ernst nehmen.

Wenn wir die Frage nach dem spezifischen Inhalt, also dem semantischen Gehalt der Idee Gottes aufwerfen, so müssen wir allerdings offensichtlich berücksichtigen, dass es viele verschiedene

Vorstellungen von Gott oder Göttern gibt.[4] Ob Gott existiert, ob wir Gott erkennen können, ob wir auf Gott hoffen oder vernünftig über Gott reden können, hängt von dem spezifischen Gottesbegriff ab, von dem wir ausgehen. Jeanine Diller hat kürzlich eine hilfreiche Unterscheidung zwischen einem lokalen und einem globalen Atheismus vorgeschlagen. Der lokale Atheismus versucht zu zeigen, dass Gott in einem genau spezifizierten Sinn von »Gott« nicht existiert. Der globale Atheismus versucht zu zeigen, dass Gott in jedem bisher spezifizierten Sinn von »Gott« nicht existiert.[5] Eine entsprechende Unterscheidung lässt sich offenbar für alle Behauptungen und Theorien über Gott treffen. Viele religionstheoretische Untersuchungen berücksichtigen dieses Problem nicht, sondern legen ohne weitere Begründung implizit irgendeinen bestimmten Gottesbegriff zugrunde. Religionstheoretische Untersuchungen sollten jedoch den Gottesbegriff, auf den sie zurückgreifen, genau und ausdrücklich spezifizieren. Diese Spezifikation muss darin bestehen, die grundlegenden Merkmale Gottes anzugeben.

Diese Forderungen gelten offensichtlich auch für einen Essay, der zeigen möchte, dass wir Gott nicht denken und daher auch nichts über ihn wissen können. Aber scheint es nicht in diesem besonderen Fall geradezu widersprüchlich zu sein, einerseits zeigen zu wollen, dass wir Gott nicht denken können, andererseits jedoch zugleich genau dafür von einer bestimmten Idee von Gott auszugehen und somit Gott denken zu müssen? Näher besehen liegt hier kein schwieriges Problem vor. Wir werden im Folgenden einen Gottesbegriff zugrunde legen, der in einflussreichen religiösen Traditionen verbreitet ist – insbesondere in den monotheistischen abrahamitischen Religionen des Judentums, Christentums und Islams. Der Essay macht geltend, dass die zentralen Merkmale, die Gott diesem Gottesbegriff zufolge besitzen soll, Gott nicht sinnvollerweise zugeschrieben werden können und dass dieser Gottesbegriff daher inhaltlich leer ist. Und daraus folgt, dass wir Gott nicht denken können. Diese Folgerung ist kulturell und politisch umso wichtiger, als die abrahamitischen Religionen weltweit den weitaus größten Einfluss besitzen und zugleich, wie neuerdings vor allem Jan Assmann im Rahmen seiner orientalistischen Studien eindrucksvoll gezeigt hat, aufgrund ihres Monotheismus zu einer Strategie der Ausgrenzung und Gewalt gegenüber Ungläubigen neigen.[6] Die folgenden Überlegungen können hoffentlich dazu beitragen, diese aus historischer Einsicht gewonnenen Vorbehalte gegenüber dem abrahamitischen Monotheismus durch systematische Argumente zu ergänzen, zu unterstützen und zu verstärken.

Diese Argumentationsstrategie ist nicht neu. So wurde zum Beispiel behauptet, dass Aussagen über Gott, die ihm bestimmte Eigenschaften zusprechen, nicht überprüfbar sind – dass es keine Belege gibt, anhand derer wir Aussagen über Gott bestätigen oder widerlegen könnten. In der klassischen analytischen Philosophie (dem sogenannten logischen Empirismus) wurde behauptet, dass derartige Aussagen keinen kognitiven Sinn haben. Und folglich sind Aussagen über Gott weder wahr noch falsch.[7]

Ferner wurde darauf hingewiesen, dass einige der Eigenschaften, die Gott zugeschrieben werden, inkonsistent sind, das heißt nicht zugleich wahr sein können. So werden Gott zum Beispiel meist Allmacht, Allwissenheit und perfekte Güte attestiert. Bereits die antiken Sophisten und der antike Philosoph Epikur haben zu bedenken gegeben: Wenn Gott allwissend ist, so weiß er auch von den Übeln der Welt. Wenn Gott außerdem allmächtig ist, so könnte er die Übel der Welt beseitigen. Wenn er auch perfekt gut ist, so würde er die Übel der Welt beseitigen. Die Übel der Welt sind aber nicht beseitigt. Also kann Gott, wenn er allwissend ist, nicht zugleich allmächtig und perfekt gut sein.[8]

Und schließlich wurde darauf verwiesen, dass Gott, was immer er sonst sein mag, ein transzendentes Wesen ist. Gott ist metaphysisch transzendent, insofern er nicht der raumzeitlichen Welt angehört; er ist erkenntnistheoretisch transzendent, insofern er von Menschen mit ihren beschränkten Erkenntnisfähigkeiten nicht erkannt werden kann; er ist ethisch transzendent, insofern er nicht mit menschlichen Wertestandards beurteilt werden kann; und er ist handlungstheoretisch transzendent, insofern er absolut frei ist und den Gesetzen unserer Welt nicht unterworfen ist. Aus dieser Transzendenz ergibt sich das Problem des Anthropomorphismus: Welche Eigenschaften wir Gott auch immer zuschreiben, es wird sich um – gegebenenfalls idealisierte – menschliche Eigenschaften handeln müssen, und das bedeutet, ein transzendentes Wesen auf höchst unangemessene, ja hybride Weise in menschlicher Form zu denken. Dieses Problem hat vor allem David Hume in seinen *Dia-*

logen über natürliche Religion detailliert ausdiskutiert und gegen die traditionelle Theologie in Anschlag gebracht.[9]

Kurz zusammengefasst hat es bisher drei Vorbehalte gegenüber dem theistischen Versuch gegeben, Gott bestimmte Merkmale zuzuschreiben und den Begriff Gottes dadurch mit Inhalt zu füllen: Diese Zuschreibung kann erstens nicht überprüft oder getestet werden, erweist sich zweitens als inkonsistent und entspringt drittens einer Idealisierung menschlicher Eigenschaften, die einem transzendenten Wesen wie Gott nicht angemessen ist.

Der vorliegende Essay entwickelt zwar ähnliche Vorbehalte, gibt diesen Argumenten aber eine neue Wendung. Dies gilt zunächst für den zugrunde gelegten Gottesbegriff und die Auswahl seiner grundlegenden Merkmale. Der traditionelle monotheistische Gottesbegriff, von dem wir, wie bereits angedeutet, in diesem Essay ausgehen werden, wird meist in der folgenden Weise beschrieben:

> »Es gibt nun verschiedene theistische Gottesbegriffe. Nach allen ist ein Gott eine Person, die unkörperlich, ewig, allwissend, allmächtig, vollkommen gut und Schöpfer der Welt ist.«[10]

> »The object of attitudes valorized in the major religious traditions is typically regarded as maximally great. Conceptions of maximal greatness differ but theists believe that a maximally great reality must be a maximally great *person* or God. Theists largely agree that a maximally great person would be omnipresent, omnipotent, omniscient, and all good.«[11]

Die Attribute Gottes, die im Folgenden im Mittelpunkt stehen, werden in diesen Kennzeichnungen nicht explizit genannt, doch sie sind implizit in ihnen enthalten. Gott soll zum Beispiel perfekt gut sein – aber genauer soll er *ein in jeder Hinsicht perfektes Wesen* sein. Gott soll allwissend sein – aber dafür muss er zunächst einmal ein *Denker* sein und *denken können*. Gott soll eine Person sein – aber dafür muss Gott zunächst einmal einen *Geist* haben oder ein *immaterieller Geist* sein. Und Gott soll maximal groß sein – aber das bedeutet, dass er *unendlich* sein muss. Absolute Perfektion, Unendlichkeit, Geistigkeit und Denkfähigkeit sind gegenüber den zitierten traditionellen Kennzeichnungen die grundlegenderen Eigenschaften, die Gott zugeschrieben werden können – mehr noch, es sind die grundlegendsten und wichtigsten Eigenschaften, die Gott in den abrahamitischen Religionen implizit zugeschrieben werden, weil sie notwendige Bedingungen für die offiziell genannten Merkmale Gottes sind.[12] Auf diese Eigenschaften wird sich der vorliegende Essay konzentrieren.

Im Blick auf diese Eigenschaften werden im vorliegenden Essay im Wesentlichen zwei Argumente entwickelt:

(A) Das Unendlichkeitsargument: Wenn Gott absolut perfekt ist, muss er aktual unendlich sein; aber aktuale Unendlichkeit ist paradox, und daher können wir Menschen sie nicht denken.
(B) Das Geist-Argument: Wenn Gott aktual unendlich und maximal groß ist, dann werden die Zuschreibungen von Geist und Denkfähigkeit inkonsistent, so dass wir Gott weder als Geist noch als Denker denken können.

Diese Art der Argumentation deutet bereits an, dass der vorliegende Essay nicht einfach einem oder mehreren der drei – oben skizzierten – verschiedenen Einwände gegen die Idee Gottes folgt, sondern sie vielmehr in einer bestimmten Weise kombiniert und neu begründet.

Nach Argument (A) wird zum Beispiel aus einem der grundlegenden Merkmale Gottes gefolgert, dass ein weiteres dieser grundlegenden Merkmale spezifiziert werden muss, und dann wird gezeigt, dass dieses Merkmal von endlichen Wesen nicht gedacht werden kann. Dieser Nachweis stützt sich seinerseits auf Beweise und Einsichten der modernen Mathematik.

Ähnlich wird in Argument (B) aus zwei Merkmalen Gottes die Schlussfolgerung gezogen, dass zwei weitere dieser grundlegenden Merkmale spezifiziert werden müssen, nämlich dass Gott ein perfekt funktionierender Geist sein muss und nur Wahres denken kann. Und dann wird gezeigt, dass diese Merkmale mit den elementarsten Eigenschaften des Geistes und des Denkens unvereinbar sind, so dass wir auch diese Merkmale nicht denken können. Dieser Nachweis stützt sich seinerseits ebenfalls auf eine bestimmte moderne Theorie – in diesem Fall auf die moderne Theorie des Geistes.[13] Die Einwände gegenüber dem Theismus werden demnach im Folgenden auf solide und anerkannte Theorien gestützt, die nicht der Religionstheorie oder der Lehnstuhl-Philosophie angehören. Darin besteht im Kern die neue Antwort auf die Frage, warum wir nichts über Gott wissen können, die in diesem Essay präsentiert wird.

Kürzlich konnte man in *Spiegel-Online* die Schlagzeile lesen: »Gläubige oder Atheisten. Wer den Tod am meisten fürchtet... Atheisten scheinen genauso furchtlos zu sein wie Tiefgläubige.«[14] Und im *Focus* wurde ein Artikel veröffentlicht unter dem Titel »Würden Atheisten oder Gläubige eher einen Mord begehen? ... Will M. Gervais von der University of Kentucky und seine Kollegen befragten 3256 Menschen in 13 Ländern.«[15] Derartige Zitate erwecken den Eindruck, dass die Alternative Theismus versus Atheismus der Erörterung vieler religiöser Fragen implizit zugrunde liegt.[16] Das ist nicht weiter verwunderlich, denn die Frage nach der Existenz Gottes stand schon immer im Zentrum rationaler Theologie, und

> »to one of the most important metaphysical questions in philosophy of religion, namely, »Is there a God?« there are only two possible direct answers...: »yes«, which is theism, and »no«, which is atheism. Answers like »I don't know«, »no one knows«, »I don't care«..., or »the question ist meaningless« are not *direct* answers to this question.«[17]

Doch sollte sich herausstellen, dass unsere Idee von Gott logisch widersprüchlich ist, so kann diese Idee keinen spezifischen Inhalt haben. Der Grund dafür ist, dass wir aus einem logischen Widerspruch Beliebiges logisch ableiten können. Wir könnten einem widersprüchlich charakterisierten Gott also beliebige Eigenschaften und somit nichts Spezifisches zuschreiben. In diesem Fall wären weder der Theismus noch der Atheismus akzeptabel. Denn beide Positionen müssen implizit einen Gottesbegriff mit deutlichem und vertretbarem Inhalt voraussetzen. Andernfalls kann man weder annehmen oder gar beweisen, dass Gott existiert, wie der Theismus behauptet, noch annehmen oder gar beweisen, dass Gott nicht existiert, wie der Atheismus geltend macht.[18] Vielmehr wäre die Konsequenz, dass wir nichts über Gott wissen können. Diese These ist eine Version des *religiösen Agnostizismus* – eine Position jenseits von Theismus und Atheismus.[19]

Der religiöse Agnostizismus wird heute meist in einer der folgenden Formen dargestellt:

(1) Die Behauptung, dass Gott existiert, ist weder wahr noch falsch.
(2) Weder die Behauptung, dass Gott existiert, noch die Behauptung, dass Gott nicht existiert, kann rational begründet oder durch empirische Evidenz bestätigt werden.
(3) Weder der Theismus (der behauptet, dass Gott existiert) noch der Atheismus (der behauptet, dass Gott nicht existiert) kann rational begründet oder durch empirische Evidenz bestätigt werden.
(4) Die Behauptung, dass Gott bestimmte Eigenschaften hat, ist weder wahr noch falsch.
(5) Die Behauptung, dass Gott bestimmte Eigenschaften hat, kann weder rational begründet noch durch empirische Evidenz bestätigt werden.
(6) Wir können über Gott oder Götter nichts wissen, das heißt keine wahre begründete Meinung über Gott oder Götter entwickeln.[20]

Der vorliegende Essay versteht sich als Beitrag zum religiösen Agnostizismus,[21] allerdings in der oben skizzierten Form in Gestalt der Argumente (A) und (B).

Aus methodologischer Sicht operiert dieser Essay im Geiste der rationalen Theologie. Das heißt im Wesentlichen, dass von fünf Prinzipien ausgegangen wird:

(P1) *Rationalismus*: Religiöse Thesen müssen als begründungspflichtig betrachtet werden. Die Berufung auf Autoritäten oder sogenannte Offenbarungsschriften zählt nicht als Begründung, es sei denn, diese Personen oder Autoritäten haben sich der Begründungspflicht gestellt.
(P2) *Wissenschaftskompatibilismus:* Religiöse und theologische Annahmen sollten den jeweils besten wissenschaftlichen Theorien nicht widersprechen.
(P3) *Erkenntnistheoretischer Minimalismus:* Religiöse Annahmen sollten die Grenzen der menschlichen Erkenntnismöglich-

keiten nicht überschreiten. Diese Grenzen sind im Falle von Aussagen über die Welt und ihre Teile unter anderem durch Wahrnehmungen und empirische Erfahrungen bestimmt.

(P4) *Anti-Dogmatismus*: Religiöse und theologische Annahmen stehen ebenso wie wissenschaftliche Theorien grundsätzlich unter einem fallibilistischen Vorbehalt, d.h. so gut sie zu irgendeinem Zeitpunkt auch begründet zu sein scheinen, es kann nie ausgeschlossen werden, dass sie sich doch noch als falsch erweisen.

(P5) Terminologische Klarheit: Die religionstheoretische Sprache sollte so klar, explizit und transparent wie möglich sein. Vage Analogien oder Metaphern reichen nicht aus.[22]

Die Position des Empirismus, die in (P3) als Teil der rationalen Theologie betrachtet wird, ist bis heute umstritten. Allerdings wurde der Empirismus von den beiden einflussreichsten religiösen Agnostikern, David Hume und Immanuel Kant, ebenfalls für die rationale Theologie vorausgesetzt (wenn auch in unterschiedlichen Versionen).[23] Gegner des Empirismus haben stets auf apriorische Erkenntnisse hingewiesen und dabei vorzugsweise auf Logik, Mathematik und begriffliches Wissen verwiesen. Diese Erkenntnisform beruht jedoch letztlich auf semantischem und insbesondere begrifflichem Wissen. Zu den wichtigsten Dogmen der klassischen analytischen Philosophie, die bis heute einflussreich geblieben ist, gehörte zum Beispiel die Auffassung, dass Philosophie, Logik und Mathematik nicht empirisch, sondern begrifflich arbeiten.

In den letzten Jahrzehnten ist jedoch unter anderem von Donald Davidson, Ruth Millikan und Hilary Putnam, aber auch in der kognitiven Psychologie, eine externalistische Semantik entwickelt worden, die heute als die avancierteste wissenschaftliche Semantik gelten kann. Dieser Semantik zufolge formieren sich die semantischen Gehalte unserer Gedanken und Äußerungen stets im Rahmen einer Interaktion von geistigen Wesen mit ihrer Umwelt und der entsprechenden evolutionären Lerngeschichte, die im heute vielbeschworenen Kreislauf von Wahrnehmung, Bewertung und adaptiver Reaktion ihre elementarste und offenbar empirische Grundlage hat. Die moderne externalistische Semantik ist daher eine zentrale neue Stütze des Empirismus.[24]

Teil I
Historische Grundlagen der Religionstheorie

Der religiöse Agnostizismus hat außer unter Spezialisten im gegenwärtigen religiösen Diskurs kaum noch eine wahrnehmbare Stimme. Daher ist es wichtig und hilfreich, darauf hinzuweisen, dass diese Position im Sinne der Thesen (1) – (6) auf eine reiche historische Tradition zurückblicken kann, die von einigen der einflussreichsten europäischen Denker getragen wurde (Kapitel 1). Außerdem muss, wie bereits bemerkt, genauer bestimmt werden, von welchem Gottesbegriff der religiösen Tradition die folgende Argumentation ausgeht (Kapitel 2). Damit sind die wichtigsten religionshistorischen Grundlagen für die systematische Argumentation der folgenden Kapitel gelegt.

1. Zur Tradition des religiösen Agnostizismus

Wissen über Gott ist mehr als eine Meinung über Gott, aber auch mehr als eine wahre Meinung über Gott. Vielleicht können wir niemals endgültig wissen, ob wir etwas wissen, doch in jedem Fall setzt das Wissen einer Sache voraus, dass wir unsere Meinung über diese Sache begründen und rechtfertigen können. Die Bemühung um Wissen erfordert unsere Bereitschaft, in das diskursive Spiel des Einforderns und Gebens von Gründen einzusteigen, das heißt im logischen Raum der Gründe zu operieren.[1] Begründen und Rechtfertigen sind primär rationale Aktivitäten und nehmen oft die Form begründeter Argumente an. Unsere Bemühung um Wissen setzt daher auch die Bereitschaft voraus, sich auf anerkannte Standards von Rationalität einzulassen.[2] Die höchste Form dieser Bemühung um Wissen ist die Wissenschaft. Die rationale Theologie bemüht sich genau in diesem Sinn um Wissen und beansprucht daher, eine Wissenschaft zu sein.

Diese Konzeption von Wissen und Wissenschaft scheint allerdings auf Beobachtungssätze (mit denen wir Wahrnehmungen beschreiben) und auf Wahrnehmungen nicht zuzutreffen, weil sich weder Wahrnehmungen noch Beobachtungssätze aus irgendwelchen Prämissen rational begründen lassen. Zur Lösung dieses Problem lässt sich jedoch die Verlässlichkeitstheorie einsetzen: Wahrnehmungen sind dann gerechtfertigt, wenn sie verlässlich sind, das heißt wenn sie auf richtige Art und Weise zustande gekommen sind, also auf eine Art und Weise, die in der Evolution unseres Wahrnehmungsapparates millionenfach positiv getestet worden ist.[3]

Der religiöse Agnostizismus ist folglich die Auffassung, dass Gott kein Gegenstand des Wissens im Sinne wahrer gerechtfertigter oder als verlässlich erwiesener Wahrnehmungen sein kann. Wenn man aus dieser Perspektive auf die Geschichte der abrahamitischen Theologie und der Religionsphilosophie schaut, dann lässt sich entdecken, dass der religiöse Agnostizismus auf eine lange und reiche Tradition zurückblicken kann.

Die frühen Christen im Zeitraum bis ca. 300 n. Chr. haben meist nicht explizit die These vertreten, dass es kein Wissen über Gott geben kann. Doch als sich die ersten antiken Philosophen, namentlich Kelsos, Porphyrios und Kaiser Julian Apostata, ernsthaft mit dem Christentum beschäftigten, stellten sie schockiert fest, dass die Christen den Glauben befahlen sowie unbedingten Gehorsam gegenüber dem Glauben verlangten, ohne sich um die besten Argumente zu kümmern. Die frühen Christen propagierten einen vernunftlosen, irrationalen, ungeprüften Glauben. Sie verboten sogar eine argumentative Prüfung des Glaubens und ächteten jeden Zweifel. Und sie hielten jeden, der dem christlichen Glauben nicht ungeprüft zustimmte, für schuldig und sündig. Die antiken Kommentatoren haben ferner darauf hingewiesen, dass auch Jesus im Neuen Testament an keiner Stelle argumentiert, sondern lediglich droht, schimpft und lockt. Und das soll, so fragen sie, ein Sohn Gottes sein, des allervernünftigsten Wesens? [4] Die frühen Christen haben also im Rahmen ihres Glaubens nicht im logischen Raum der Gründe operiert. Sie hielten es zumindest nicht für nötig, sondern im Gegenteil für kontraproduktiv, Gott zum Gegenstand des Wissens zu machen. Diese Auffassung wurde später *Fideismus* genannt.[5]

Rund tausend Jahre später hatten die Christen jedoch die Herausforderungen der rationalen Theologie weitgehend angenommen, wie zum Beispiel die zahlreichen Gottesbeweise zeigen. Hier sind die drei wichtigsten Varianten (P1, P2 etc.: Prämissen; K: Konklusion):

Kausaler Beweis:

P1 Es gibt verursachte Dinge.
P2 Nichts ist Ursache seiner selbst.
P3 Es gibt keine unendliche Reihe von Ursachen.
K Es gibt eine erste Ursache von Allem (= Gott).

Design-Beweis:

P1 Die meisten Dinge in der Welt weisen eine kunstvolle Ordnung und Zweckmäßigkeit (ein Design) auf.
P2 Jedes kunstvoll geordnete und zweckmäßige Werk hat einen Schöpfer.
K Es gibt einen Schöpfer der Welt mit Fähigkeiten, eine überwiegend kunstvoll geordnete und zweckmäßige Welt zu erschaffen und zu formen (= Gott).

Begrifflicher (semantischer) Beweis:

P1 Wir können uns ein vollkommenstes Wesen denken.
P2 Ein Wesen, das nicht existiert, wäre nicht das vollkommenste Wesen.
P3 Der Gedanke, dass das vollkommenste Wesen nicht existiert, ist daher widersprüchlich.
P4 Wir dürfen nichts Widersprüchliches annehmen, denn aus Widersprüchlichem folgt Beliebiges.
K Es gibt ein vollkommenstes Wesen, zu dessen Essenz die Existenz gehört (= Gott).

Es waren vor allem die beiden Dominikaner-Mönche Albertus Magnus (1193–1280) und Thomas von Aquino (1227–1274), die es sich zum Ziel setzten, den christlichen Glauben mit dem aristotelischen Weltbild zusammenzuführen und auf diese Weise auch Thesen über Gott mit einem Wissensanspruch auszustatten.

Es ist mehr als aufschlussreich, wie diese Synthese genauer aussah. Es handelte sich nämlich eher um mühsame und lückenhafte

Kompromisse. Denn Albert und Thomas fügten alle Lehren der aristotelischen Logik, Metaphysik und Naturphilosophie, die mit den christlichen Lehren vereinbar waren (letztlich so gut wie alles außer der Ewigkeit des Kosmos und der Sterblichkeit der Seele), weitgehend unverändert in das christliche Weltbild ein – ein leichtes Unterfangen, da die Christen zu diesen Themen bis dahin nicht das Geringste zu sagen hatten. Die christlichen Glaubenssätze dagegen, die den Lehren des Aristoteles widersprachen oder deren Thematik er nicht behandelt hatte, erhielten einen Sonderstatus. Dazu gehörten die Lehren von Schöpfergott und Schöpfung, von der Dreieinigkeit, der zeitlichen Begrenzung des Kosmos, der Erbsünde, der Menschwerdung des Logos, den Sakramenten, dem Fegefeuer, dem apokalyptischen Weltgericht sowie der Auferstehung von den Toten und der ewigen Verdammnis oder Seligkeit. Albert und Thomas erklärten diese Doktrinen für wissenschaftlich nicht beweisbar, weil die menschliche Vernunft für eine Begründung dieser Thesen nicht ausreiche. Doch damit waren sie eine Angelegenheit des unmittelbaren, unbegründeten Glaubens. Die zentralen christlichen Glaubensinhalte wurden dem wissenschaftlichen Diskurs entzogen. Albert und Thomas waren offenbar der Auffassung, dass die zentralen christlichen Doktrinen nicht dem logischen Raum der Gründe angehören – und das ist der Sache nach eine religiös-agnostische Position.

Die christlichen Star-Autoren des 13. und 14. Jahrhunderts, Roger Bacon (1217–1292) sowie die beiden Franziskanermönche Duns Scotus (1274–1308) und William von Ockham (ca. 1285–1349), haben den agnostischen Ansatz, der bei Albert und Thomas zu verzeichnen ist, ausgeweitet und radikalisiert. Roger Bacon, Duns Scotus und William von Ockham bestreiten unisono jede Verbindung von Glauben und Wissen sowie von Theologie und Philosophie. Stattdessen proklamieren sie das Prinzip der doppelten Wahrheit. Die christlichen Dogmen blieben als unbezweifelbare Wahrheiten in Geltung, seien jedoch weder empirisch noch rational begründbar. Sie müssten und könnten nur religiös geglaubt werden. Denn Gott sei ein für Menschen unerklärliches und unverständliches Wesen, dessen Wille und Aktivität nicht an Maßstäbe menschlicher Rationalität oder Ethik gebunden, sondern aus menschlicher Sicht grundlos und willkürlich sei. Diese Position wurde später auch als *Voluntarismus* bezeichnet.

Daneben gibt es diesen drei Denkern zufolge die Wahrheiten, die mit Hilfe der Wissenschaften empirisch und rational bewiesen werden können. Die Bemühung um wissenschaftliche Wahrheit hat in ihren Augen mit Aristoteles begonnen und wurde danach nicht wieder abgebrochen. Roger Bacon, Duns Scotus und William von Ockham radikalisieren also unter dem Standard der Begründungspflicht die partielle Abspaltung christlicher Dogmen vom wissenschaftlichen (aristotelischen) Weltbild bei Albert und Thomas zu einer vollständigen Trennung von christlicher Religion und antiker Wissenschaft. So kehren sie zur urchristlichen Doktrin eines religiösen Glaubens zurück, der sich den Begründungsanforderungen entzieht, und formulieren einen religiösen Agnostizismus, der zeigt, dass Gott ein so übermächtiges Wesen ist, dass er für endliche Wesen wie uns Menschen unter antiken Rationalitätsstandards unerkennbar bleiben muss.

Doch bleiben Roger Bacon, Duns Scotus und William von Ockham nicht bei der Doktrin der doppelten Wahrheit stehen, sondern vollziehen einen weiteren provozierenden Schritt hin zu einem religiösen Agnostizismus. Sie reklamieren nämlich die absolute Autonomie der Wissenschaft gegenüber der Theologie. Sie fordern die Freiheit der Wissenschaft auch dann, wenn die wissenschaftlichen Resultate den theologischen Glaubensinhalten widersprechen. Im Zweifelsfall übertrumpft die Wissenschaft den Glauben.

Die kritische Debatte um die christliche Theologie, die in der Spätantike begann und im 14. Jahrhundert in der Separation von Wissenschaft und Theologie kulminierte, konnte in Europa auch in den folgenden Jahrhunderten nicht mehr unterdrückt werden. Zu Beginn der Neuzeit, im 17. und 18. Jahrhundert, also im Rahmen der Aufklärung, wurde unter den Philosophen eine offene intellektuelle Schlacht primär um den Theismus und Atheismus ausgetragen. In dieser Schlacht vertrat einer der kompromisslosesten Denker der westeuropäischen Geschichte, Benedikt de Spinoza (1632–1677), die pantheistische Auffassung, Gott sei nichts anderes als die Natur oder das Universum mitsamt seiner erstaunlichen Ordnung und Schönheit.[6] Wir erkennen Gott insoweit, als wir die Natur erkennen. Spinoza hat den Pantheismus als endgültige Versöhnung von Theologie und Wissenschaft zu verkaufen versucht, allerdings vergeblich. Denn die Christen haben sehr zu Recht geltend gemacht, dass es sich nicht um die Versöhnung von Theologie und Wissenschaft, sondern um die Identifizierung von Theologie mit der modernen Wissenschaft und damit um die *Eliminierung der Theologie* handelt – die größte denkbare religiöse Ketzerei.

Thomas Hobbes, der oft des Atheismus bezichtigt wurde, favorisierte dagegen eine minimalistische und negative Theologie. Über Gott können wir lediglich wissen, dass er als erste Ursache des Universums existiert.[7] Darüber hinaus können wir nur wissen, was Gott nicht ist. Interessant ist, dass Hobbes in diesem Zusammenhang betont, dass wir nicht über eine Konzeption oder ein Bild von Gott verfügen können. Wenn wir Gott bestimmte Eigenschaften wie Allwissen oder Gerechtigkeit zuschreiben, so handelt es sich nach Hobbes nicht um buchstäbliche Beschreibungen, sondern um einen Ausdruck unserer Verehrung. Dies gilt insbesondere auch für die These, dass Gott ein Geist ist.[8] Diese Position ist als *Deismus* bekannt und stellt einen leicht eingeschränkten religiösen Agnostizismus dar (wir können nichts über Gott wissen – außer dass er die Ursache des Universums ist). Im frühen 18. Jahrhundert haben religiöse Freidenker wie Toland und Collins mit deutlichem Bezug auf Hobbes offen den deistischen Agnostizismus propagiert.

Der wichtigste und wirkungsmächtigste Vertreter des religiösen Agnostizismus in der europäischen Aufklärung war David Hume (1711–1776). Erste Hinweise finden sich bereits in der Schrift *Enquiry Concerning Human Understanding:*

> »God's being is so different, and so much superior to human nature that we are not able to form any clear or distinct idea of his nature and attributes, much less one based on our own qualities and characteristics …. The Deity is known to us only by his productions, and is a single being in the universe, not comprehended under any species or genus, from whose experienced attributes or qualities, we can, by analogy, infer any attribute or quality in him … God is a Being, so remote and incomprehensible, who bears much less analogy to any other being in the universe than the sun to a waxen taper, and who discovers himself only by some faint traces or outlines, beyond which we have no authority to ascribe to him any attribute or perfection«.[9]

Doch es sind vor allem die *Dialoge über natürliche Religion* (1779), wegen ihrer Brisanz erst posthum publiziert, in denen sich Hume mit Fragen der Religion gründlich auseinandersetzt. In der Szenerie dieser Schrift treffen sich drei Personen, um über Fragen der Religion zu diskutieren: Demea, ein orthodoxer Christ; Cleanthes, ein liberaler Christ; und Philo, ein Freigeist. Cleanthes und Demea repräsentieren die beiden wichtigsten religionstheoretischen Positionen des 18. Jahrhunderts: Cleanthes steht für die progressive, empiristisch orientierte Auffassung von Theologen in der Royal Society, dass man die Existenz und Eigenschaften Gottes nicht mit apriorischen Beweisen, sondern empirisch und induktiv im Blick auf die Strukturen des Universums nachweisen kann.[10] Cleanthes vertritt nachdrücklich eine anthropomorphistische Theologie – mit einer Begründung, die später das *Design-Argument* genannt wurde: Die durchgehende Zweckmäßigkeit des Kosmos lässt auf einen intelligenten göttlichen Designer des Kosmos schließen:

> »Die kunstvolle Art, wie Mittel und Zwecke in der ganzen Natur aufeinander abgestimmt sind, entspricht genau, wenngleich sie weit darüber hinaus geht, den Hervorbringungen … menschlicher Planung, Erfindung, Weisheit und Intelligenz. Weil daher die Wirkungen einander gleichen, werden wir nach allen Regeln der Analogie zu dem Schluß geführt, daß auch die Ursachen einander gleichen und daß der Urheber der Natur dem Geist des Menschen einigermaßen ähnlich ist, wenngleich er der Großartigkeit des von ihm ausgeführten Werks entsprechend über viel größere Fähigkeiten verfügt. Durch dieses Argument *a posteriori* und durch dieses Argument allein beweisen wir zugleich das Dasein einer Gottheit und ihre Ähnlichkeit mit menschlichem Geist und Verstand«.[11]

Demea steht dagegen für die konservative Theologie, die betont, dass Gott im Rahmen unseres empirischen Wissens unerkennbar bleibt und dass allenfalls seine Existenz a priori begründet werden kann:[12]

> <Demea> »Wie denn? Keine Demonstration des Daseins Gottes? … Keine Beweise *a priori*? Sind diese Beweise, auf welche die Philosophen bislang so großes Gewicht gelegt haben, nichts als Trug-

schlüsse …? Müssen wir in dieser Angelegenheit bei Erfahrung und Wahrscheinlichkeit stehenbleiben?[13] … <Die Wege der Gottheit> sind nicht unsere Wege. Ihre Eigenschaften sind vollkommen, aber unbegreiflich … Sämtliche *Empfindungen* des menschlichen Geistes … stehen in offensichtlicher Beziehung zu Zustand und Lage des Menschen und sind auf die Erhaltung der Existenz sowie die Förderung der Tätigkeit eines derartigen Wesens in derartigen Umständen berechnet. Es erscheint deshalb unvernünftig, solche Empfindungen auf ein höchstes Wesen zu übertragen.«[14]

Die dritte Figur der *Dialoge*, der Freigeist Philo, vertritt dagegen eine radikal skeptizistische Position und damit einen konsequenten religiösen Agnostizismus, der im 18. Jahrhundert ansonsten nur selten vertreten wurde. Eine Zuschreibung von Eigenschaften ist, wie Philo geltend macht, im Fall Gottes reine Spekulation und täuscht eine Erkenntnisfähigkeit vor, über die wir Menschen nun einmal nicht verfügen:

»Ein vernünftiges Wesen von so ungeheurer Macht und Fähigkeit, wie zur Hervorbringung des Universums erforderlich ist, oder, um in den Worten der alten Philosophie zu sprechen, ein so wunderbares Lebewesen geht über alle Analogie und alles Begreifen hinaus.«[15]

Die einzig vernünftige Position ist daher für Philo der religiöse Agnostizismus.

Philos Position ist vor kurzem ganz zu Recht so beschrieben worden, dass wir der Idee Gottes keinen akzeptablen Inhalt zuschreiben können:

»The dilemma Philo has constructed encapsulates the issue about the content of the idea of God that is central to the *critical aspect* of Hume's project in the *Dialogues*. If you accept that God's attributes are infinitely perfect, you are using ordinary terms without their ordinary meaning, so that they do not have any clear meaning. If you deny God's infinite perfection, you can give him understandable attributes, but only because they are amplified human characteristics. The closer Cleanthes comes to regarding God's mind as like a human mind, the closer he comes to regarding God's at-

> tributes as being like human attributes, and the less Godlike his ›God‹ is. We can only give the idea of God intelligible content at the perilously high cost of denying that he is really God. To do so is to abandon God for some kind of superhero.«[16]

Immanuel Kant hat sich in seiner Schrift *Religion innerhalb der Grenzen der Vernunft* in den religiösen Agnostizismus eingereiht und damit auch die agnostizistische Haltung von Schopenhauer und Nietzsche beeinflusst.[17] Nach Kants Auffassung müssen wir unser Nachdenken über Religion und Religiosität eng auf die Ethik beziehen. Da unser Wissen auf den Bereich des sinnlich Erfahrbaren beschränkt ist und Gott nicht zu diesem Bereich gehört, kann Gott nicht zuverlässig erkannt werden. Insbesondere übersteigen alle Gottesbeweise unsere endlichen Erkenntnisfähigkeiten und sind daher hinfällig. Religion ist somit für Kant nicht ein Corpus von Lehren als göttlicher Offenbarungen, also kein Offenbarungswissen (und deshalb gibt es auch keine Offenbarungsschriften). Es gibt keine akzeptable Theorie der Religion, d.h. Religion ist *nicht* als Theologie konzeptualisierbar. Der »Afterdienst« des statutarischen Glaubens und Kultus (also der religiöse Kult und die Kirchen als Institutionen), sofern dieser vom Sittlichen absieht und zum Formalismus und Aberglauben führt, ist abzulehnen.

Religion ist für Kant vielmehr eine Erkenntnis unserer Pflichten als göttlicher Gebote. Ihr Kern ist die Maxime, Pflichten und moralische Gebote *als göttliche Gebote* zu befolgen. Die Achtung vor dem Sittengesetz kann am besten dadurch erzwungen werden, dass erkannt wird, dass das Sittengesetz die Stimme des Übersinnlichen in uns ist. Religion ist kaum mehr als ein pragmatisches Instrument zur Durchsetzung des Sittengesetzes. Kant bewegt sich zwar deutlich im Rahmen des religiösen Agnostizismus der Aufklärung, doch er radikalisiert diese Position, indem er nicht einmal mehr die Annahme Gottes als Ursache des Universums als Wissen anerkennt und somit den Deismus überwindet.

Die Tradition des religiösen Agnostizismus ist, wie bereits erwähnt, bis in die Gegenwart hinein ungebrochen geblieben, wurde dabei aber stärker ausdifferenziert, beispielsweise in Gestalt der oben erwähnten Thesen (1) – (6). Vorherrschend ist immer noch eine Begründung des religiösen Agnostizismus durch Rückgriff auf den Theismus und Atheismus: Weder der Theismus noch der Atheismus kann begründet werden oder ist rational gefordert oder ist rationalerweise erlaubt oder kann Evidenz für sich in Anspruch nehmen oder ist wahrscheinlich oder ist vernünftig.[18]

So argumentiert zum Beispiel Robin Le Poidevin:[19]

(1) Es gibt keine Evidenz dafür, dass Theismus oder Atheismus intrinsisch (d. h. aus Apriori-Gründen) wahrscheinlicher als die Gegenposition ist.
(2) Die totale verfügbare Evidenz favorisiert weder den Theismus gegenüber dem Atheismus noch den Atheismus gegenüber dem Theismus.
(3) Es gibt keine Gründe dafür anzunehmen, dass Theismus oder Atheismus wahrscheinlicher sind als die Gegenposition.
(4) Der religiöse Agnostizismus ist wahr: Weder der Theismus noch der Atheismus sind Formen des Wissens.

Dabei folgt (3) aus (1) und (2) sowie (4) aus (3). Ähnlich hat Kenny bemerkt:

> »I do not myself know of any argument for the existence of God which I find convincing; in all of them I think I can find flaws. Equally, I do not know of any argument against the existence of God which is totally convincing; in the arguments I know against the existence of God I can equally find flaws. So that my own position on the existence of God is agnostic«.[20]

In der Tradition des religiösen Agnostizismus geht es also um die Frage, ob wir einiges über Gott wissen können. Und als wichtigstes Argument wird oft angeführt, dass der religiöse Agnostizismus wahr ist, weil weder der Theismus noch der Atheismus hinreichend begründet werden können.

Im Folgenden wird eine andere Route eingeschlagen, um den religiösen Agnostizismus zu verteidigen. Die grundlegenden Prämissen dieser Route sind die Thesen, dass wir nur etwas über Gott wissen können, wenn wir Gott auch denken können, und dass wir Gott nur denken können, wenn wir ihm auf widerspruchsfreie Weise und mit guten Gründen bestimmte grundlegende Eigenschaften zuschreiben und auf diese Weise die Idee von Gott mit einem akzeptablen Inhalt ausstatten können. Es ist genau diese Möglichkeit, die in den folgenden Überlegungen mit Hilfe der Argumente (A) und (B) bestritten wird: Es soll nachgewiesen werden, dass wir Gott nicht einmal denken können. Und daraus folgt, dass wir erst recht nichts über ihn wissen können.

Aus dieser Sicht folgt der religiöse Agnostizismus nicht daraus, dass weder der Theismus noch der Atheismus akzeptabel sind, sondern aus dem religiösen Agnostizismus folgt, dass weder der Theismus noch der Atheismus akzeptabel sind. Denn sowohl der Theismus als auch der Atheismus müssen eine bestimmte Gottesidee zugrunde legen, um ihre Beweise überhaupt führen zu können, doch dieser Ausgangspunkt erweist sich als widersprüchlich. Kurz, der religiöse Agnostizismus soll im Folgenden unabhängig von einem Bezug auf den Theismus und den Atheismus verteidigt werden. Der vorliegende Essay versucht also primär in die großen Fußstapfen von Hume und Kant zu treten, zieht dafür aber Theorien aus dem 20. Jahrhundert heran.

2. Gottesbegriffe

Der Monotheismus kommt nicht nur in den abrahamitischen Religionen, sondern zum Beispiel auch in der antiken Philosophie vor. Die früheste Version im Rahmen der antiken Philosophie stammt von Xenophanes (ca. 570–480 v. Chr.), der vor allem dafür bekannt ist, das theologische *Problem des religiösen Anthropomorphismus* explizit formuliert zu haben. Dieses Problem besteht, kurz formuliert, darin, Gott menschliche Eigenschaften zuzuschreiben. Oder wie Xenophanes sagte:

> »Wenn die Ochsen und Rosse … Hände hätten oder malen könnten … so würden die Rosse roßähnliche, die Ochsen ochsenähnliche Göttergestalten malen und solche Körper bilden, wie jede Art gerade selbst ihre Form hätte. Die Äthiopier behaupten, ihre Götter seien stumpfnasig und schwarz, die Thraker, blauäugig und rothaarig«.[21]

Xenophanes äußert sich über Gott in vier berühmten kurzen Fragmenten:

(1) »Ein einziger Gott, unter Göttern und Menschen am größten, weder an Gestalt den Sterblichen ähnlich noch an Gedanken« (Frg. 23).
(2) »Gott ist ganz Auge, ganz Geist, ganz Ohr« (Frg. 24)
(3) »Doch sonder Mühe erschüttert er alles mit des Geistes Denkkraft« (Frg. 25).
(4) »Stets am selbigen Ort verharrt er sich gar nicht bewegend, und es geziemt ihm nicht hin- und herzugehen bald hierhin bald dorthin« (Frg. 26).[22]

Gott ist nach Xenophanes also (a) einzigartig und (b) das größte Wesen, (c) den Menschen in keiner Weise ähnlich sowie (d) ein Geist mit kognitiven Vermögen (Gehör, Sehvermögen) und schließlich (e) unbeweglich, aber (f) alles bewegend. Die gravierende Schwierigkeit, die im Anthropomorphismus enthalten ist, lässt sich an der Widersprüchlichkeit zwischen (c) und (d) ablesen. Xenophanes sieht sich genötigt, trotz seiner berechtigten Kritik am Anthropomorphismus Gott einen Geist zuzusprechen und damit doch ein anthropomorphistisches Manöver durchzuführen.

Insgesamt jedoch hat Xenophanes den *einen* Gott bereits in einer Weise charakterisiert, die auch den wichtigsten späteren theistischen und insbesondere monotheistischen Positionen entspricht: Gott ist ein maximal großes Wesen, ein Subjekt oder Geist und die Ursache des Universums. Gottes maximale Größe wird auch als absolut, unbeschränkt oder unendlich gekennzeichnet. Gott sieht sich demnach nicht einer externen Realität gegenüber. Diese Kennzeichnung impliziert, dass er allmächtig ist, und vor allem, dass seine Kognition perfekt ist, das heißt dass er allwissend und optimal gut ist:

> »Theists largely agree that a maximally great person would be omnipresent, omnipotent, omniscient, and all good.«[23]

Eine ähnliche Liste lässt sich auch für die meisten anderen monotheistischen Positionen ausmachen.[24] Und auch die Offenbarungsschriften der abrahamitischen Religionen sprechen über derartige Eigenschaften Gottes. Im Koran heißt es u. a.:

> »Er ist Allah, der Einzige; er zeugt nicht und ward nicht gezeugt (112:1–4), … der Erste und der Letzte, der Sichtbare und der Ver-

borgene, und Er ist der Wisser aller Dinge (57:3) … Allah ist der Schöpfer aller Dinge, und Er ist Wächter über alle Dinge. Sein sind die Schlüssel der Himmel und der Erde (39:62–63) … . Allah – es gibt keinen Gott außer Ihm, dem Lebendigen, dem aus Sich Selbst Seienden und Allerhaltenden … Sein ist, was in den Himmeln und was auf Erden ist … Sein Wissen umfaßt die Himmel und die Erde; und ihre Erhaltung beschwert Ihn nicht …« (2:255).

Das Gottesbild des Alten Testaments und der Thora ist vielschichtig. Hier sind Gottesbilder aus einem knappen Jahrtausend zusammengeflossen, doch lassen sich einige zentrale Komponenten erkennen: Der eine und einzige Gott Jahwe des Alten Testaments ist der Heilige, der Schöpfer des Universums, der Retter sowie der Gerechte. Zugleich ist er aber auch eine Person, ein Subjekt, und soll ohne Bilder verehrt werden, ebenso wie Allah. Die Begründung gibt vor allem der Koran: Keiner ist Ihm gleich (112:4), ja sogar nichts ist gleich Ihm (42:11). In diesem Punkt sind Altes Testament und Thora anderer Auffassung: »So schuf Gott den Menschen als sein Ebenbild, als Mann und Frau schuf er sie« (1. Mose 1,27) – eine Blaupause für den religiösen Anthropomorphismus.

Wenn wir also über die abrahamitischen Religionen sprechen, so lässt sich der gemeinsame Kern ihres Gottesbegriffs so zusammenfassen:

(G) Gotteshypothese: Gott ist
(1) ein maximal großes, unbegrenztes, unendliches, absolutes Wesen, das die gesamte Realität ausmacht und keine externe Realität außer sich hat;
(2) der Schöpfer und Erhalter des geordneten Universums,
(3) ein Geist oder sogar ein Subjekt oder sogar eine Person,
(4) ein vollkommenes und perfektes Wesen, insbesondere
(5) allmächtig, allwissend, optimal gut, optimal rational und frei sowie
(6) möglicher Gegenstand menschlichen Denkens und Wissens.

Nicht alle Religionen haben einen Gottesbegriff im Sinne von (G), sondern stellen stattdessen zum Beispiel die strukturelle Einheit und Einfachheit des Göttlichen in den Mittelpunkt. Die platonische und neuplatonische Philosophie konzipiert das Göttliche zum Beispiel als Einheit ohne Vielfalt – als die Struktur aller Strukturen: das Eine, das Gute. Alle Dinge, die es in der Welt gibt und die wir erkennen können, sind strukturierte Dinge. Sokrates der Mensch zum Beispiel ist ein Ding, dass eine Struktur realisiert, die für die Organisation eines menschlichen Lebewesens verantwortlich ist (in modernem Jargon: der genetische Code). Diese Struktur ist, an sich selbst betrachtet, immateriell und einheitlich in all den verschiedenen Menschen, enthält jedoch auch eine Vielheit, die deutlich wird, wenn wir versuchen, die Struktur des Menschen zu definieren. Die definierende Formel (z. B. »Tier, zweibeinig, auf dem Land lebend, rational, politisch«) macht diese Vielheit unmittelbar deutlich. Doch können wir auch eine »letzte Frage« stellen (und Platon hat diese Frage gestellt): Was ist die gemeinsame Struktur aller Strukturen (die Platon auch Formen oder Ideen nannte)? Nun, zum Beispiel sind alle Strukturen stabile immaterielle Einheiten. Eine Einheit zu sein, ist in der platonischen und neuplatonischen Philosophie die grundlegende Struktur aller einzelnen Strukturen. Diese Einheit muss als etwas konzipiert werden, das keinerlei Vielheit mehr in sich trägt. Sie ist das grundlegendste Ordnungsprinzip der Welt. Aber dieses EINE, in der Antike auch Gott genannt, gehört definitionsgemäß nicht zu den existierenden Dingen in der Welt, ist »jenseits des Seins«[25] und kann nicht in »normalen« Gedanken der Form »Dieses Ding hat die Eigenschaft E« gedacht oder erkannt werden. Das EINE, oder der abstrakte Gott, ist kein Gegenstand gewöhnlichen Wissens, hat weder Bewusstsein noch einen Willen noch Erkenntnisfähigkeit, ist also kein immaterieller Geist.[26] Aber wer den philosophischen Aufstieg von gewöhnlichen Dingen mit ihrer Mixtur von Einheit und Vielheit zu Dingen mit immer mehr Struktur und Einheit vollzieht, für den kann das EINE am Ende »aufleuchten«. Dieses Aufleuchten hat nichts Mystisches an sich, sondern ist eine rationale Konsequenz einer kognitiven Bewegung – und wird im Neuplatonismus als »Angleichung des Menschen an Gott (*Homoiosis Theoo*)« beschrieben.[27]

Ein weiteres wirkungsmächtiges Beispiel für diese Form der Religion ist die hinduistische Philosophie. Advaita Vedanta beschreibt Brahman als ultimative Realität, die weder Teile noch Eigenschaften hat und keine innere Diversität, keine innere Pluralität aufweist. Brahman ist zugleich identisch mit der gesamten Realität, so dass es nichts außerhalb von Brahman gibt. Brahman hat daher insbesondere keine Eigenschaften wie Allmacht, Güte, Subjektivität oder Personalität. Und Brahman kann auch kein kausaler Agent sein und sich nicht selbst denken (denn beides würde eine elementare Pluralität voraussetzen). Daher kann auch Brahman nicht Gegenstand des menschlichen Erkennens und Wissens sein. Das EINE und Brahman sind keine Götter im Sinne von (G), und sie sollten besser terminologisch von Göttern unterschieden werden und etwa als *das Göttliche* bezeichnet werden:

(G)* Göttlichkeitshypothese: Das Göttliche ist
(1) ein maximal großes, unbegrenztes, unendliches, absolutes Wesen, das die gesamte Realität ausmacht und keine externe Realität außer sich hat;
(2) ein Wesen von absoluter Einfachheit, ohne innere Vielfalt oder Pluralität,
(3) ein Wesen ohne spezifische Eigenschaften und ohne kognitive Fähigkeiten,
(4) weder ein Geist noch ein Subjekt noch eine Person,
(5) kein Gegentand des Wissens.

Die Gotteshypothese (G) und die Göttlichkeitshypothese (G)* sind also deutlich verschieden, stimmen allerdings in dem wichtigen Punkt (1) weitgehend überein. Viele neuere religionstheoretische Debatten enthalten Anleihen aus (G) und (G)*. Wenn beispielsweise Hegel (in einer Terminologie, die wir hier nicht klären können) raunt, die Bestimmung Gottes sei, dass er die *absolute Idee* ist, d.h. dass er der *Geist* ist, und zwar der *absolute Geist,* dessen Realität aus seinem Begriff folgt, dann bezieht Hegel sich primär auf (G) (1) und (3) – ebenso wie Tetens, der Gott als unendliches Ich-Subjekt bezeichnet. Einer der einflussreichsten modernen Theisten, Richard Swinburne, geht sogar genau vom Gottesbegriff im Sinne von (G) aus.[28]

Dies gilt auch für den militanten Atheisten Richard Dawkins, wenn er Gott als »übermenschliche, supernatürliche Intelligenz, die absichtlich das Universum und alles in ihm, eingeschlossen uns Menschen, strukturierte und erschuf«, beschreibt.[29] Dawkins verdammt den religiösen Agnostizismus als lahme Wischi-Waschi-Position.[30] Er ist der Meinung, dass wir (mit dem üblichen fallibilistischen Vorbehalt) wissen können, dass der Theismus falsch und der Atheismus wahr ist. Doch viele seiner atheistischen Argumente laufen auf den Nachweis hinaus, dass grundlegende Eigenschaften, die Gott zugeschrieben werden, nicht auf Gott zutreffen können. Zum Beispiel wird das Design des Universums von einigen Theisten auf Gott zurückgeführt. Gott steht nun aber, wie Dawkins zeigt, außerhalb der Evolution, das funktionale Design von Dingen und Prozessen in unserer Welt geht aber stets auf evolutionäre Mechanismen zurück. Der Ausdruck *Design* lässt sich daher nicht ohne Widerspruch im Zusammenhang mit Gott gebrauchen.

Dawkins übersieht, dass ein solches Argument zwar auf wissenschaftlichen Einsichten beruht, aber im Kern von semantischer Art ist und daher den Atheismus unterminiert: Nach Dawkins behauptet der Atheismus, dass Gott G die Eigenschaften A, B, C hat, und zeigt dann, dass *dieser Gott* nicht existiert. Doch dieser Nachweis besteht primär darin zu zeigen, dass zum Beispiel C nicht auf Gott zutreffen kann. Damit haben wir keineswegs gezeigt, dass G nicht existieren kann. Es könnte immer noch sein, dass G*= A, B existiert.

Wenn dagegen Volker Gerhardt betont, dass Gott kein Gegenstand des Wissens sei, sondern ein »präsentes Ganzes«, das unserem Leben allererst einen Sinn verleiht,[31] dann greift er weitgehend auf die Idee des Göttlichen (G)* zurück – ebenso wie Wolfhart Pannenberg, der Gott explizit nicht als übermenschlichen, allwissenden Geist konzipiert, sondern als eine Art von unermesslichem Feld, analog zu physikalischen Feldern, also als eine dynamische, aber auch materialisierbare abstrakte Struktur, die auch er das »Ganze« nennt, von dem her sich der Sinn der weltlichen Phänomene allererst erschließt.[32]

Der vorliegende Essay wird von dem Gottesbegriff im Sinne der Bestimmung (G) ausgehen. Insofern wird kein globaler, sondern ein lokaler religiöser Agnostizismus verteidigt, der allerdings eine erhebliche Anzahl von Gottesbegriffen umfasst. Näher betrachtet genügt es für das Beweisziel dieses Essays auch, sich auf die Gotteshypothese (G) zu beschränken und die Göttlichkeitshypothese (G)* auszuklammern. Denn die Proponenten der Konzeption des Göttlichen im Sinne von (G)* räumen bereits selbst ein, dass das Göttliche weder gedacht noch gesagt noch gewusst werden kann. Für das Göttliche wird der religiöse Agnostizismus bereits allgemein anerkannt. Können wir demnach zeigen, dass dies auch für Gott im Sinne von (G) gilt, so haben wir einen religiösen Agnostizismus etabliert, der einer globalen Position recht nahe kommt.

Einer der neuesten Entwürfe eines modernen Theismus operiert unter anderem mit einem Argument, das eine bestimmte Auffassung von Naturalismus ins Spiel bringt.[33] Demgemäß behauptet der Naturalismus angeblich, dass die gesamte Realität nur aus natürlichen Dingen bestehe. In der Realität gäbe es weder Geister noch Götter noch Seelen noch andere übernatürliche Kräfte oder Wesen. Wenn der Naturalismus wahr sei, dann sei auch der Atheismus wahr und der Theismus falsch. Der Naturalismus könne aber als wahr betrachtet werden, weil er von den modernen Naturwissenschaften gestützt würde.[34] Daraus folge, dass der Theismus falsch sei. Diese naturalistische Widerlegung des Theismus soll im Rahmen des gegenwärtigen wissenschaftlichen Weltbildes das einflussreichste Argument gegen den Theismus sein. Doch – so der moderne Theist – der Naturalismus ist nicht wahr, denn er kann nicht hinreichend begründet werden, sondern ist eine spekulative These, nicht mehr und nicht weniger spekulativ als ein moderner Theismus als Spielart eines philosophischen Idealismus. Mehr noch, der Naturalismus enthält nach modern-theistischer Auffassung ein schwerwiegendes Defizit, weil er keinerlei Spielraum für eine Erklärung von Aussagen und Gedanken über mentale Phänomene enthält.[35]

Dieses theistische Entlastungsargument scheitert jedoch daran, dass die Konzeption des Naturalismus, auf die das Argument zurückgreift, zu einseitig ist. Tatsächlich ist der Begriff des Naturalismus in der neueren Diskussion mehr als ambivalent.[36] Das Entlastungsargument beruft sich auf eine Spielart des Naturalismus, die eine Form der Identitätstheorie ist: Alle Komponenten der Realität, auch der Geist und die soziale Welt, sind identisch mit bestimmten natürlichen Phänomenen. Was sind jedoch natürliche Phänomene? Die härtesten Naturalisten behaupten, dass genau jene Phänomene natürlich sind, die von der grundlegendsten aller Naturwissenschaften, der Physik, angemessen beschrieben und erklärt werden können. Diese Antwort ist jedoch mehr als unbefriedigend, weil dann Lebewesen oder Zellen keine natürlichen Phänomene wären.

Eine weichere Antwort wäre, dass genau jene Phänomene natürlich sind, die von einer der Erfahrungswissenschaften angemessen beschrieben und erklärt werden können. Was ist jedoch eine Erfahrungswissenschaft? Nach der Standardantwort sind Erfahrungswissenschaften empirische Wissenschaften, die ihre Theorien letztlich im Blick auf Wahrnehmungen, Beobachtungssätze und empirische Experimente testen. In diesem Sinne sind zum Beispiel auch die empirische Tierforschung oder die kognitive Psychologie Erfahrungswissenschaften. Diese Wissenschaften beschäftigen sich aber mit Wesen, die einen Geist haben, das heißt mentale Zustände und Prozesse, sowie zum Teil soziale Organisationen entwickeln. Mentale Fähigkeiten und soziale Beziehungen reichen tief in die Tierwelt hinein, die gewöhnlich als Teil der Natur angesehen wird. Mentalität und Sozialität der Tiere, insbesondere der Primaten, weisen im Übrigen fließende Übergänge zur Mentalität und Sozialität der Menschen auf.[37]

Der weiche Naturalismus ist überaus plausibel, lässt aber die – für den Theismus entscheidende – Frage, wie es mit dem Verhältnis von Geist und Natur steht, weitgehend offen. Daher wird der weiche Naturalismus meist durch einen nicht-reduktiven Physikalismus ergänzt, der behauptet, dass mentale Zustände und Prozesse kausal von physikalischen Zuständen und Prozessen abhängen (zu denen auch neuronale Aktivitäten des Gehirns gezählt werden). Nennen wir die Verbindung von weichem Naturalismus und nicht-reduktivem Physikalismus *nicht-eliminativen Naturalismus*, dann ist diese Spielart des Naturalismus theoretisch plausibel und empirisch sehr gut gestützt.[38] Der nicht-eliminative Naturalismus eliminiert das Mentale nicht, betont aber, dass das Mentale an physikalische Grundlagen gebunden ist und dass es daher nichts Mentales und erst recht keinen Geist gibt, die unabhängig von physikalischen Grundlagen existieren können.

Daraus folgt: Der identitätstheoretische Naturalismus ist zwar mit großer Wahrscheinlichkeit falsch, aber daraus folgt keine Entlastung für den Theismus. Denn die Falschheit des identitätstheoretischen Naturalismus ist vereinbar mit der Wahrheit des nicht-eliminativen Naturalismus. Der nicht-eliminative Naturalismus ist seinerseits aber mit einem idealistischen Theismus unvereinbar und zugleich höchstwahrscheinlich korrekt. Daher ist der Theismus höchstwahrscheinlich inkorrekt.

Teil II
Gott und die Unendlichkeit

Gott wird nach der Bestimmung (G)[1] unter anderem als maximal groß und unendlich betrachtet. Doch es ist alles andere als klar, von welcher Art von Unendlichkeit und maximaler Größe die Rede ist. Wir müssen uns daher zunächst einen groben historischen Überblick darüber verschaffen, welche Arten von Unendlichkeit dem abrahamitischen und insbesondere dem christlichen Gott zugeschrieben wurden. Dabei lernen wir auch die grundlegende Unterscheidung zwischen potentieller und aktualer Unendlichkeit kennen. Denn in welchem Sinn auch immer Gott ein unendliches Wesen ist, er muss in jedem Fall ein aktual unendliches Wesen sein. Am Ende wird sich zeigen, dass nur quantitative Unendlichkeit und maximale Größe akzeptable Modelle für Unendlichkeit sind (Kapitel 3).

Auf dieser Grundlage können wir dann das Modell der Unendlichkeit systematisch genauer beschreiben und analysieren. Andernfalls können wir nicht solide prüfen, ob wir Gott eine Art von Unendlichkeit zuschreiben dürfen. Dieses Modell wird bis heute vor allem in der Mathematik diskutiert. Es wird sich herausstellen, dass die Art von quantitativer und maximaler Größe, die Gott von den Theisten attestiert wird, schwerwiegende Paradoxien involviert und dass daher Gott zumindest in dem Sinne, dass er ein maximal großes und quantitativ unendliches Wesen sein soll, von uns nicht gedacht und daher auch nicht erkannt werden kann.

3. Der unendliche Gott in der Religion

Der griechische Philosoph Zenon (ca. 490 – 420 v. Chr.) versuchte zu beweisen, dass die Annahme, es gebe viele Dinge, die sich im Raum bewegen, zu Widersprüchen führt. Einer dieser Beweise ist das bekannte Paradox von Achilles und der Schildkröte. Dieses Argument ist nicht im Wortlaut erhalten, sondern wird zum Beispiel von Aristoteles berichtet:

> »Der zweite Beweis ist der sogenannte *Achilles.* Er gipfelt darin, dass das langsamste Wesen [sc. die Schildkröte] in seinem Lauf niemals von dem schnellsten Wesen [sc. Achilles] eingeholt wird. Denn der Verfolger muss immer erst zu dem Punkt gelangen, von dem das fliehende Wesen schon aufgebrochen ist, so dass das langsamere Wesen immer einen gewissen Vorsprung haben muss.«[2]

Nehmen wir zum Beispiel an, Achilles und eine Schildkröte veranstalten einen Wettlauf, Achilles läuft 10mal schneller als die Schildkröte und gibt ihr 100 Meter Vorsprung – und dann laufen beide zugleich los. Wenn Achilles die 100 Meter Vorsprung gelaufen ist, ist die Schildkröte 10 Meter vorangekommen. Wenn Achill diese 10 Meter geschafft hat, ist die Schildkröte einen Meter weit gelaufen. Wenn Achill diesen einen Meter ebenfalls gelaufen ist, so die Schildkröte 10cm, und so verkürzt sich ihr Vorsprung zwar ständig, bleibt jedoch immer bestehen, und es kann Achilles daher nicht gelingen, sie zu überholen. Wenn Zenon diesen Beweis vorbrachte und von seinen Zuhörern verhöhnt wurde, nicht zuletzt weil man diesen Wettlauf nachstellen und dann sehen konnte, dass der schnellere Läufer den langsameren tatsächlich überholt, erwiderte Zenon kühl, dass man doch bitte zeigen solle, inwiefern sein Beweis fehlerhaft sei. Um das Jahr 450 v. Chr. herum konnte niemand einen Fehler entdecken, so dass Zenon dann regelmäßig forderte, daraus die einzig mögliche Schlussfolgerung zu ziehen – nämlich dass der skizzierte empirische Test fehlerhaft ist, also auf einer Sinnestäuschung beruht, und allgemeiner, dass Wahrnehmungen unzuverlässig sind und nicht als Quelle von Wissen gelten können.[3]

Natürlich nehmen wir alle wie damals die Zuhörer der Vorträge Zenons spontan an, dass dieser »Beweis« einen Defekt enthalten muss, und wir haben vielleicht auch das Gefühl, dass dieser Defekt mit unseren Vorstellungen vom Endlichen und Unendlichen zu tun hat. Doch ist es nicht leicht, den Fehler genau zu bestimmen und zu artikulieren. Im antiken Griechenland dauerte es, den verfügbaren Belegen zufolge, rund ein Jahrhundert, bis dieses Problem gelöst werden konnte – wie zu erwarten war, von Aristoteles, dem Erfinder der formalen Logik:

»Daher ist auch Zenons Beweis trügerisch, dass es unmöglich sei, in einer begrenzten Zeit eine unendlich große Strecke zu durcheilen ... Denn in ganz verschiedenem Sinne wird hier das Wort »unendlich« ... verwendet: entweder der Teilung nach oder der Ausdehnung nach. Eine der Ausdehnung nach unendliche Strecke kann man nicht in einer begrenzten Zeit durcheilen. Dagegen ist das bei einer der Teilung nach unendlichen Strecke durchaus möglich.«[4]

Aristoteles führt hier die Unterscheidung zwischen aktualer und potentieller Unendlichkeit ein. Die Idee einer Unendlichkeit der Ausdehnung nach involviert die Annahme, dass eine räumliche Strecke oder geometrische Gerade in ihrer unendlichen Ausdehnung, also in all ihren unendlich vielen Teilen, faktisch und aktual vorliegt. Die Idee einer Unendlichkeit der Teilung nach involviert dagegen lediglich die Annahme, dass wir die Strecke immer weiter teilen *können*: gegeben eine beliebige Teilung der Strecke (Gerade) AB in Teile AC und CB, können wir stets weitere Punkte D und E angeben, die zwischen A und C bzw. zwischen C und B liegen. Fassen wir, so Aristoteles, die Unendlichkeit der Strecke im letzteren potentiellen Sinn auf, so können wir durchaus eine unendliche Strecke in begrenzter Zeit durchlaufen. Die Diagnose ist also, dass Zenons paradoxe Beweise durch eine fälschliche Verwendung der Idee einer aktualen Unendlichkeit entstehen.

Zenon hat implizit die Idee kritisiert, dass es Zeit und Raum in der wahrnehmbaren Welt »gibt« und dass endlich große Zeit- und Raumintervalle aktual unendlich viele Zeitpunkte bzw. Raumpunkte enthalten. Vielleicht hat er auch die Idee attackiert, dass es andere unendliche Anzahlen von Dingen in der Welt gibt. Doch hat er aus diesen Ideen nicht ableiten wollen, dass die Ideen selbst widersprüchlich sind, sondern dass unsere Wahrnehmungen uns täuschen.

In der christlichen Tradition ist Gottes maximale Größe und Unendlichkeit unterschiedlich interpretiert worden. Im Rahmen dieses Essays können wir nur einige markante und einflussreiche Varianten betrachten.

In den biblischen Schriften kommt eine direkte Aussage über die Unendlichkeit Gottes wie »Gott ist unendlich« oder »Gott ist der Unendliche« nicht vor. Einige Stellen kommen dieser Idee aber zumindest nahe, zum Beispiel wenn in Psalm 145 Gottes Größe, königliche Erhabenheit, Ewigkeit, Macht und Güte gepriesen wird. Insbesondere heißt es in Vers 3: »Groß ist der Herr und hoch zu loben, seine Größe ist unerforschlich.« Gottes Größe wird hier interessanterweise mit einer elementaren Version des religiösen Agnostizismus verbunden.

Die Idee einer quantitativen Unendlichkeit Gottes hat, wie unter anderem Christian Tapp bemerkt hat,[5] stets einen Sitz in der christlichen Theologie gehabt, vor allem in Hinsicht auf Gottes Allwissenheit. Bereits Augustin argumentiert, dass es unendlich viele Zahlen gibt und dass Gott sie aufgrund seiner Allwissenheit alle kennt. Daher weiß er unendlich viele Dinge.[6]

Anselm von Canterbury (1033–1109) war der erste christliche Denker, der Gott als maximal groß bezeichnet, ja in seinem 1077/78 verfassten *Proslogion* als maximale Größe definiert hat: als dasjenige, »über das hinaus nichts Größeres gedacht werden kann«.[7] Faszinierend ist Anselms Bemerkung, Gott sei sogar »etwas größer, als gedacht werden kann«. Dieses Diktum wirkt paradox, weil es selbst einen Gedanken auszudrücken scheint. Doch könnte Anselm auch die Idee zu formulieren versuchen, dass in unserem Geist etwas aufleuchten (aber nicht: gedacht werden) kann, das größer ist als alles, was wir denken können – womit wir paradoxerweise den Gedanken fassen könnten, dass *etwas* unser Denken übersteigt.[8] Wir werden dieser Idee im nächsten Kapitel in einer modernen, mathematischen Version wiederbegegnen. Es bleibt unklar, ob Anselm die maximale Größe Gottes räumlich denkt, doch ist der Eindruck schwer vermeidbar, dass er diese Größe primär in quantitativen Begriffen denkt. Zumindest scheint Anselm anzunehmen, dass Gott alle Dinge umfasst, die es gibt (wobei »Ding« ein maximal allgemeiner Begriff ist, der auf Beliebiges zutrifft). Denn wenn Gott ein Wesen ist, über das hinaus nichts Größeres gedacht werden kann, dann kann es nichts geben, das außerhalb von Gott (nicht im Bereich der Größe Gottes) vorkommt. Denn angenommen, D wäre ein solches Ding, dann wäre die Menge {Gott, D} größer als Gott.

Spätere mittelalterliche christliche Denker haben Gott die Unendlichkeit explizit zugeschrieben und dieses Merkmal näher zu beschreiben versucht. Dazu gehört auch Thomas von Aquin, dessen Bemerkungen zu Gottes Unendlichkeit allerdings vielfältig und schillernd sind. Thomas beweist zum Beispiel Gottes Unendlichkeit auf dreifache Weise, zunächst aus der Eigenart des göttlichen Seins: Gottes Sein ist das unverursachte, nicht durch Aufnahme in Wesensgrenzen begrenzte »Sein selbst« (*ipsum esse*). Dieses aber ist unendlich, weil unendlich viele Dinge auf unendlich viele Weisen am Sein teilnehmen können.[9] Zweitens weist Thomas darauf hin, dass wir Menschen das Unendliche denken können, weil wir uns über jede endliche Quantität hinaus eine größere ausdenken können. Diese Fähigkeit liefe jedoch leer, gäbe es nichts Unendliches. Da in der Natur nichts umsonst ist, muss es also etwas Unendliches geben, und dann muss die Unendlichkeit zumindest dem maximalen Seienden, also Gott, zukommen.[10] Und schließlich erschafft Gott die Welt aus dem Nichts, was unendlich weit von der Wirklichkeit absteht. Also muss seine Macht unendlich sein.[11]

Diese Unendlichkeitsbeweise sind aufschlussreich. Die ersten beiden Beweise enthalten einen quantitativen Unendlichkeitsbegriff, allerdings ist im zweiten Beweis offensichtlich von potentieller Unendlichkeit die Rede. Der dritte Beweis greift dagegen auf einen »qualitativen« Unendlichkeitsbegriff zurück, der sich als eine Art von Vollkommenheit beschreiben lässt (vollkommene, nicht eingeschränkte Macht).[12] Doch Thomas hat das *ipsum esse* und damit auch Gott als reine Form beschrieben und Gott damit als etwas Göttliches im oben definierten Sinn bezeichnet. Schließlich hat er Gottes Unendlichkeit auch negativ als das Unbegrenzte gekennzeichnet.[13]

Ein weiterer einflussreicher christlicher Denker, Duns Scotus (um 1265–1308), hat den Begriff des Unendlichen ganz in den Mittelpunkt seiner Gotteslehre gestellt. Die Überschrift seines Gottesbeweises lautet: *Ob es in der Wirklichkeit ein aktual Unendliches gibt.* Duns Scotus identifiziert Gott mit dem aktual Unendlichen. Der Begriff des »unendlichen Seienden« ist für ihn »der vollkommenste Begriff, den wir von Gott erfassen«, weil er der einzige Begriff ist, den Gott *nicht* mit seinen Geschöpfen gemein hat, und weil er alle anderen von Gott ausgesagten Begriffe in sich enthält.[14]

Für Duns Scotus ist Gott unendlich, insofern er *unendlich viele Dinge zugleich erschaffen* kann, aber auch insofern, als es unendlich viele erschaffbare Dinge gibt, die im göttlichen Verstand zugleich aktual erkannt werden, so dass auch der *göttliche Verstand unendlich* ist. Und Duns Scotus betont, dass die göttliche Natur die höchste ist, es aber über jedes Endliche hinaus etwas Höheres gibt und dass daher die göttliche Natur unendlich ist.[15] Auch Duns Scotus beschreibt Gottes Unendlichkeit und Größe offenbar primär auf quantitative Weise.

Einige frühneuzeitliche Denker gehen sogar dazu über, Gott als eine räumlich ausgedehnte unendliche Substanz anzusehen, zum Beispiel Henry More (1614–1687), führender Kopf der Platonischen Schule von Cambridge, oder Baruch (Benedikt) de Spinoza (1632–1677), der Gott als »absolut unendliches Seiendes« bestimmt, das heißt als »eine Substanz, die aus unendlich vielen Attributen besteht«.[16] Zwei der unendlich vielen Attribute Gottes sind Denken und Ausdehnung. Gott ist also nicht nur ein Wesen, das »unendlich vieles auf unendlich viele Weisen denken kann«, sondern auch ein »ausgedehntes Ding«, so dass er als unendlich ausgedehnte Substanz existiert. Gott ist die einzige Substanz, so dass alles in Gott ist und nichts ohne Gott sein oder begriffen werden kann.[17] Diese Autoren betrachten Gott also als unendlich, insofern er selbst eine ausgedehnte Substanz ist (also aus unendlichen vielen Teilen besteht) oder zumindest das aktual unendliche Universum simultan denkt und erkennt (also einen unendlichen Geist hat, der unendlich vieles zugleich denken kann). Auch hier wird die Unendlichkeit quantitativ gefasst.

Mit René Descartes (1596–1650) beginnt die Reihe einflussreicher Autoren, die Gott zwar Unendlichkeit zuschreiben, den Begriff der Unendlichkeit jedoch deutlich simplifizieren: »[N]ur das bezeichne ich im eigentlichen Sinne als unendlich, worin sich in keiner Hinsicht Grenzen finden.«[18] Besonders wirkungsmächtig war Hegels Aufnahme dieses Vorschlags. Auch Hegel bestimmt das Unendliche in einem ersten Anlauf als das, was nicht endlich ist. Doch definiert er zunächst die »schlechte Unendlichkeit« als eine Überwindung der Endlichkeit, die sich immer gleichbleibend wiederholt und dabei nie zum Ziel kommt. Hier handelt es sich offensichtlich um potentielle Unendlichkeit. Wollen wir die wahre philosophische Unendlichkeit in den Blick nehmen, so darf sie nach Hegel nicht negativ durch die Endlichkeit bestimmt sein. Denn dann gäbe es etwas, von dem die Unendlichkeit, die nicht nur potentiell, sondern aktual ist, abhängig wäre. Das aktual Unendliche wäre durch etwas Endliches begrenzt, das ihm äußerlich ist. Daher muss das aktual Unendliche alles Endliche einschließen. Das Endliche ist Teil des Unendlichen, und die Differenz zwischen Unendlichem und Endlichem ist eine Differenz, die dem Unendlichen inhärent ist. In diesem Sinne ist das aktual Unendliche das Ganze, das Absolute, Gott.

Hegel versucht offensichtlich den potentiellen Unendlichkeitsbegriff abzuwehren, bleibt in seinen eigenen Überlegungen aber so unbestimmt, dass nicht einmal klar ist, ob das absolute Unendliche alle quantitativen Bestimmungen ausschließt und Hegels Position mehr ist als das Einkreisen einer pantheistischen Position, wie sie schon Spinoza vertreten hatte. Hegels vages semantisches Sprachspiel hat zu einer ausgedehnten Debatte geführt, die letztlich die Fruchtlosigkeit derartiger Überlegungen aufgedeckt hat und folgerichtig bislang zu keinem nennenswerten Ergebnis geführt hat.[19]

Eine Spielart dieser Position Hegels scheint auch Tetens zu vertreten:

> »Ein ... unendliches Ich-Subjekt ist dadurch definiert, dass es weder epistemisch noch in dem was es will, durch etwas beschränkt und begrenzt ist, was es selber nicht ist ... Offenkundig kann Gott nichts in der Welt sein ... Freilich ist Gott auch nicht das Ganze der Welt. Die Welt als Ganze ist kein Ich-Subjekt, das denkt ... Gott ist allerdings auch nicht außerhalb der Welt, ... denn sonst wird er durch etwas begrenzt, was er selber nicht ist. Somit bleibt nur die Lesart, dass alles ›in‹ Gott ist. Erneut kann das nicht räumlich gemeint sein. Alles ist vielmehr Inhalt entsprechender Gedanken Gottes«.[20]

Dieser Unendlichkeitsbegriff scheitert daran, dass – wie unten in Kapitel 4 gezeigt wird – Gott *mit allem, was es gibt*, korreliert ist und diese Idee des »Ganzen« Paradoxien involviert, aber auch daran, dass – wie unten in Kapitel 6 gezeigt wird – Gott keine Gedanken mit Inhalt (das heißt mit semantischem Gehalt) haben kann. Doch bereits an dieser Stelle lässt sich bemerken, dass der inklusive Theismus, der unter anderem von Tetens vertreten wird, für den Problemfall Gott die Differenz zwischen Dingen in der Welt und den inhaltlich auf diese Dinge bezogenen Gedanken aufheben muss – mit der Konsequenz, dass mehr als fraglich bleibt, ob dieser Schachzug es überhaupt noch erlaubt, von Gedanken als Zuständen oder Vorgängen zu reden, die auch nur im weitesten Sinne mental sind. Denn das Mentale scheint nun einmal primär dadurch ausgezeichnet zu sein, dass es gerade eine *unaufhebbare Differenz zwischen der Welt und den semantischen Gehalten mentaler Zustände* gibt.[21]

Insgesamt lässt sich feststellen, dass Gottes Unendlichkeit in der christlichen Tradition quantitativ, maximal, qualitativ und negativ gefasst worden ist.[22] Die negative Fassung bleibt zu vage. Bestimmt man Unendlichkeit *lediglich* als Nicht-Endlichkeit, so kann Unendlichkeit alles Mögliche sein. Die qualitative Version der Unendlichkeit ist dagegen meist eine näher qualifizierte Unendlichkeit im Sinne einer spezifischen Uneingeschränktheit. Unendliche Macht ist zum Beispiel eine uneingeschränkte Macht, derart dass es kein Wesen gibt, das mächtiger ist. Unendliche Güte ist eine Güte, der keinerlei Missgunst beigemischt ist. Unendliches Wissen ist ein epistemischer Zustand, in dem es niemals irgendein Unwissen oder Halbwissen gibt.[23] Kurz, die qualitativen Unendlichkeiten Gottes sind bestimmte Formen seiner *uneingeschränkten Perfektion.*

Einzig die quantitativen Varianten stellen einen autonomen Unendlichkeitsbegriff dar. Die maximale Unendlichkeit kann als eine extreme Verallgemeinerung der quantitativen Unendlichkeit aufgefasst werden, die gerade im modernen Theismus breite Zustimmung zu genießen scheint: »The object of attitudes valorized in the major religious traditions is typically regarded as maximally great.«[24] Daher werden die folgenden Überlegungen sich im Rahmen des quantitativen und maximalen Unendlichkeitsbegriffs bewegen. Gottes qualitative Unendlichkeit wird im 6. Kapitel ins Spiel kommen, wird dort aber nicht direkt adressiert, sondern als Prämisse für eine Folgerung, die sich dann als höchst problematisch erweist.

4. Gott als unendliches Wesen?

Im Rahmen der Geschichte der Philosophie ist oft und zum Teil kritisch über die Idee der Unendlichkeit nachgedacht worden. Ein prominentes Beispiel sind die Paradoxien des Unendlichen, die Immanuel Kant in der *Kritik der reinen Vernunft* darstellt: Aus der Idee einer unendlichen Serie realer Bedingungen für ein raumzeitliches Objekt können Widersprüche (»Antinomien«, wie Kant sagt) abgeleitet werden. Demnach hat Kant zu begründen versucht, dass unsere Versuche, die Unendlichkeit (genauer offenbar die aktuale Unendlichkeit) zu denken, fehlschlagen müssen.[25]

Wie wir sehen werden, hatte Kant die richtige Intuition. Doch in der europäischen Moderne gilt primär die Mathematik als diejenige Wissenschaft, die das quantitativ Unendliche mit endlichen Mitteln zu bewältigen sucht.[26] Hier scheint ein Modell vorzuliegen, mit dessen Hilfe wir das Unendliche denken können. Wenn wir studieren wollen, welches Modell von Unendlichkeit wir Menschen entwickeln können, dann müssen wir daher vor allem in die moderne Mathematik hineinschauen. Erst auf dieser Grundlage können wir prüfen, ob wir Gott als unendliches Wesen denken können.

Die moderne Mathematik redet oft über Mengen, also über Zusammenfassungen einzelner Dinge, bei denen es auf die Reihenfolge nicht ankommt. Die Menge {1,2,3} ist beispielsweise identisch mit der Menge {3,2,1}. Auf den ersten Blick sieht es so aus, als könnten wir unbeschränkt Mengen bilden und sie nach Belieben benennen. Ich könnte etwa Platons Dialog Theaitetos T, meinen Computer C und den Mammutbaum M in unserem Garten zu der Menge {T,C,M} zusammenfassen und sie die Menge meiner liebsten Gegenstände nennen, die keinen Geist haben. Und da diese Menge endlich ist, könnte ich sie auch dadurch beschreiben, dass ich ihre Elemente aufzähle: es ist die Menge, deren Elemente T, C und M sind. Aber auch die Kartoffeln, die am 1.1.2017 in Hamburg verspeist wurden, oder alle Buchen können zu Mengen zusammengefasst werden. Diese Mengen sind ebenfalls endlich, aber sie lassen sich auch beschreiben als die Menge aller Dinge x, die eine Eigenschaft E haben, nämlich Buche zu sein oder Kartoffel zu sein, die am 1.1.2017 in Hamburg verspeist wurde. Wenn wir, wie gewöhnlich in der Logik, die Formel E(x) so deuten, dass x die Eigenschaft E hat, dann kann man diese Mengen auch in der Form {x| E(x)} darstellen – als »die Menge aller Dinge x, die die Eigenschaft E haben«. Und die Dinge, die eine Menge enthält, nennt man auch die Elemente dieser Menge. Man schreibt x ε M, um zu sagen, dass x ein Element der Menge M und also in M enthalten ist.

Tatsächlich sieht es so aus, als würde es zu jeder Eigenschaft die entsprechende Menge geben, etwa zur Eigenschaft Rot die Menge aller roten Dinge, oder zur Eigenschaft, ein Fuchs zu sein, die Menge aller Füchse. Dieser Eindruck wurde zu einem Prinzip erhoben:

(MP) Mengenprinzip: Zu jeder Eigenschaft E gibt es die Menge $M = \{x|\ E(x)\}$.

Und wenn es Mengen gibt, dann existieren auch ihre Elemente. Das Mengenprinzip scheint davon auszugehen, dass die Elemente von Mengen in der Welt irgendwie vorkommen. Wenn wir Mengen bilden, erschaffen wir, wie es scheint, nicht allererst ihre Elemente, sondern fassen gegebene Dinge nur als Elemente einer bestimmten Menge zusammen. Wir können diesen Punkt für endliche Mengen auch so formulieren:

(MAE) Prinzip der Aktualität: Sei $M = \{x|\ E(x)\}$ eine endliche Menge, dann sind ihre Elemente x aktual gegeben.

Dass die Elemente der Menge aktual gegeben sind, heißt, dass alle Elemente der Menge in der Welt vorkommen und demnach in der Welt existieren. Prinzip (MAE) scheint unproblematisch zu sein.

Das Prinzip (MP) erlaubt es nun auch, von unendlichen Mengen zu reden, also von Mengen, die unendliche viele Elemente enthalten. Nennen wir zum Beispiel N die Eigenschaft, eine natürliche Zahl zu sein, so ist $NZ = \{x|\ N(x)\}$ die Menge aller natürlichen Zahlen, und NZ ist eine unendliche Menge. Dann liegt es nahe, Prinzip (MAE) auf die Fälle unendlicher Mengen auszudehnen:

(MAU) Prinzip der aktualen Unendlichkeit: Sei $ME = \{x|\ E(x)\}$ eine unendliche Menge, dann sind ihre Elemente x aktual gegeben.

Und damit scheinen wir in der Mathematik von aktualer Unendlichkeit zu reden.

Doch wenn man so redet und denkt, kommen merkwürdige Dinge zum Vorschein. Hier ist ein Beispiel. Die Anzahl der Elemente einer Menge heißt auch die Mächtigkeit dieser Menge. Wenn man zwischen den Elementen zweier Mengen eine umkehrbar eindeutige Zuordnung (»Funktion«) konstruieren kann, dann sind die beiden Mengen gleichmächtig. Betrachten wir beispielsweise einerseits die unendliche Menge NZ der natürlichen Zahlen und andererseits die ebenfalls unendliche Menge der geraden natürlichen Zahlen, also NZG = {x| N(x) und G(x)} (wobei G die Eigenschaft ist, gerade zu sein), so können wir durch die Zuordnungsvorschrift $n \rightarrow 2n$ eine umkehrbar eindeutige Abbildung konstruieren: $1 \leftrightarrow 2$, $2 \leftrightarrow 4$, $3 \leftrightarrow 6$, $4 \leftrightarrow 8$, $5 \leftrightarrow 10 \ldots$, und folglich sind die Mengen NZ und NZG gleichmächtig, obgleich nach unserer natürlichen Endlichkeitsmathematik NZ doppelt so viele Elemente enthalten sollte wie NZG. Wenn wir das Unendliche als aktual gegeben denken, so liegt es nahe, die Anzahl der Elemente unendlicher Mengen selbst als eine besondere Zahl zu betrachten. Nennen wir diese Zahl U, so kann die oben beobachtete Merkwürdigkeit verallgemeinert werden zu der Gleichung

(1) $U + U = U$ oder $2 \cdot U = U$, oder noch allgemeiner zu
(2) $n \cdot U = U$ für jede natürliche Zahl n.

Kurz, das Unendliche – als Zahl betrachtet – verhält sich paradoxerweise wie die Null, denn es gilt ja

(1)* $0 + 0 = 0$ und $2 \cdot 0 = 0$,
(2)* $n \cdot 0 = 0$ für jede natürliche Zahl n.

Wir können den Gleichungen (1) und (2) die merkwürdige Botschaft entnehmen, dass unendliche Mengen mit ihren unendlichen Teilmengen gleichmächtig sind. Dieses Resultat wird oft dazu benutzt, unendliche Mengen gerade durch diese Merkwürdigkeit zu definieren: Eine Menge ist unendlich genau dann, wenn sie mit mindestens einer ihrer Teilmengen gleichmächtig ist.

Das sind Merkwürdigkeiten, die gerade auf Prinzip (MAU) zu beruhen scheinen, wonach das Unendliche wie etwas Gegebenes aufgefasst wird, das mit einem spezifischen mathematischen Symbol bezeichnet werden kann, ähnlich wie man spezifische Zahlen, Mengen oder geometrische Figuren mit spezifischen mathematischen Symbolen bezeichnet.

Allerdings ist (MP) falsch. Es gibt Mengen, die nach (MP) konstruiert werden und zu einem logischen Widerspruch führen, wie zuerst Bertrand Russell gezeigt hat. Eine solche Menge ist zum Beispiel die Menge aller Mengen, die sich nicht selbst enthalten. Nach (MP) kann man Mengen von Mengen bilden. Die meisten Mengen enthalten sich nicht selbst als Element. Die Menge der Kontinente ist zum Beispiel kein Kontinent. Aber einige Mengen von Mengen enthalten sich selbst, zum Beispiel die Menge M5 aller Mengen, die mehr als fünf Elemente enthalten. Ganz gewiss gibt es weitaus mehr als fünf Mengen, die mehr als fünf Elemente enthalten. Und somit gehört M5 zu den Mengen, die mehr als fünf Elemente enthalten, und enthält sich daher klarerweise selbst. Darum sind wir berechtigt, die Eigenschaft, sich selbst zu enthalten, als Eigenschaft einiger Mengen zu betrachten. Die Aussage $M \varepsilon M$ ist sinnvoll. Und dann kann man auch die Eigenschaft, sich selbst nicht zu enthalten, als Eigenschaft einiger Mengen zu betrachten. Die Aussage nicht-$M \varepsilon M$ ist ebenfalls sinnvoll. Folglich kann man $M \varepsilon M$ in (MP), aber auch: nicht-$M \varepsilon M$ in (MP) einsetzen. Das heißt, wir können nach (MP) die Menge MA aller Mengen bilden, die sich nicht selbst enthalten. Und dann können wir fragen: Enthält sich MA selbst oder nicht? Wenn sie sich selbst enthält, so gehört sie nach (MP) zu den Mengen, die sich nicht selbst enthalten. Und wenn sie sich nicht selbst enthält, dann gehört sie nicht zu den Mengen, die sich nicht selbst enthalten, und enthält sich somit selbst. Die Menge aller Mengen, die sich nicht selbst enthalten, enthält sich folglich genau dann selbst, wenn sie sich nicht selbst enthält.

Dieser höchst unangenehme Widerspruch vertrieb die Mathematiker aus dem Paradies der unbeschränkten Mengenbildung, widerlegte (MP) und warf daher auch einen schweren Schatten auf Prinzip (MAU). Das heißt: Wenn wir nicht einfach unbeschränkt Mengen bilden können, dann stellt sich insbesondere die Frage, ob es mit (MP) und (MAU) nicht nur in Hinsicht auf die sehr spezielle Menge aller Mengen, die sich nicht selbst enthalten, sondern auch in Hinsicht auf andere unendliche Mengen Probleme geben könnte.

Diese Frage ist umso interessanter und dringlicher, als die moderne Mathematik überwiegend nur noch auf die potentielle Unendlichkeit zurückgreift. Wenn wir von Stellen in unendlichen

Zahlenfolgen reden, dann sollte dies in Begriffen der potentiellen Unendlichkeit geschehen. Nehmen wir als einfachstes Beispiel die Menge N der natürlichen Zahlen. Die unendliche Zahlenfolge 1, 2, 3, 4, … in N kann in folgendem Sinne generiert werden:

(KN) Generierung der Elemente von N:
(1) Beginne mit der Zahl 1.
(2) Hast Du die Zahl n konstruiert, füge die Zahl n + 1 hinzu (dabei ist n eine beliebige, aber konkret vorgegebene natürliche Zahl).
(3) Mit der Befolgung von (1) und (2) sind die Elemente von N potentiell unendlich gegeben.

Es ist (KN), das an einem einfachen Beispiel deutlich macht, was es in der Mathematik heißt, das Unendliche mit endlichen Mitteln zu bewältigen. Von irgendwelchen Stellen in einer unendlichen Zahlenfolge zu reden, kann demnach nur heißen, dass es sich um Stellen handelt, die gemäß (KN) generiert werden können.

Die aristotelische Idee der potentiellen Unendlichkeit beherrscht bekanntlich die moderne Mathematik. Viele ihrer grundlegenden Begriffe und Verfahren beruhen auf dieser Idee, so etwa – um eines von vielen Beispielen anzuführen – der Begriff der Konvergenz. Dass zum Beispiel die unendliche Zahlenfolge 1/n mit n = 1, 2, 3, …, also die unendliche Zahlenfolge 1/1, 1/2, 1/3, 1/4, … 1/10, … 1/1000, … gegen den Grenzwert O konvergiert (strebt), heißt: Geben wir eine beliebige konkrete Stelle in dieser Folge vor, etwa X=1/100000000000000000000000000000000000000, so kann immer noch eine weitere Stelle angegeben werden, die zwischen X und o liegt – nicht mehr und nicht weniger. Ganz ähnlich seufzt Großmutter: »Es gibt offenbar unendlich viele Mücken. Wie viele ich auch totschlage, da sind immer noch mehr, die mich stechen.« Oder wie es in einem kleinen Dialog bei Wittgenstein heißt: »Ich habe etwas Unendliches gekauft und nach Hause gebracht.« – »Guter Gott, wie hast Du das tragen können?« – »Es war ein Lineal, ein Objekt mit unendlichem Krümmungskreis!«

Diese Überlegungen sprechen dafür, nicht mehr auf die aktuale Unendlichkeit zurückzugreifen und uns auf die potentielle Unendlichkeit zurückzuziehen. Machen wir uns diese – tatsächlich weitgehende – Empfehlung noch einmal an einem Beispiel klar. Dieses Beispiel betrifft die Dezimalentwicklung der Zahl π. Es wurde gezeigt, dass π, als Dezimalbruch geschrieben, nicht periodisch ist und unendlich viele Nachkommastellen hat. Hier sind die ersten 99 Nachkommastellen:

π = 3.14159265359140397848253241421927966391989323482583519907484797746312134673196076873117702027606580 1.

Und nun behaupten wir:

(S) In der Dezimalentwicklung von π kommt die Zahlenfolge 1234567890 mindestens einmal 10billionenmal hintereinander vor (1 Billion = 1000 Milliarden).

Zuallererst müssen wir uns klar machen, dass viele Sätze über die Dezimalentwicklung der Zahl π auf keine Weise als falsch erwiesen (das heißt falsifiziert) werden können – und das gilt auch für Satz (S). Denn eine Falsifikation von (S), oder auch nur eine Prüfung, ob (S) falsifiziert werden kann, würde es erforderlich machen, wirklich alle Nachkommastellen von π durchzuprüfen, und das ist uns als endlichen Wesen nicht möglich. Doch kann es vorkommen, dass ein Satz über die Dezimalentwicklung von π anhand der bisher errechneten Entwicklung verifiziert (als wahr erwiesen) werden kann. Zum Beispiel könnten wir behaupten:

(S)* In der Dezimalentwicklung von π kommt die Zahlenfolge 5199074847977463121 mindestens einmal vor.

These (S)* ist wahr, denn diese Zahlenfolge kommt nachweisbar unter den ersten 99 Nachkommastellen vor. Aber dass Satz (S) mit den heutigen und künftig absehbaren Rechenfertigkeiten verifiziert werden könnte, ist extrem unwahrscheinlich. Und wir könnten diese geringe Wahrscheinlichkeit beliebig weiter senken (prinzipiell zu einer Wahrscheinlichkeit nahe Null), wenn wir in (S) den angegebenen Multiplikationsfaktor (10billionenmal) erheblich erhöhen, zum Beispiel auf 1000quadrillionenmal. Wir können demnach mit endlichen Mitteln nicht entscheiden, ob (S) wahr oder falsch ist. Und andere als endliche Mittel stehen uns nicht zur Verfügung. Einer der frühesten, bereits in der Antike gefundenen Belege dafür ist der Beweis, dass die Zahl $\sqrt{2}$ kein Bruch sein kann.

Diese Überlegungen stellen eine gute Begründung für eine weitergehende These dar:

(SS) Der Satz (S) ist weder wahr noch falsch.

Gegen These (SS) formiert sich meist massiver Protest: Aus der Tatsache, dass wir mit endlichen Mitteln (und daher prinzipiell) nicht entscheiden können, ob (S) wahr oder falsch ist, folgt doch nicht, dass (S) weder wahr noch falsch ist!? Im Prinzip ist es doch so, dass die Zahlenfolge 1234567890 mindestens einmal 10 Billionen Mal hintereinander irgendwo in der unendlichen Dezimalentwicklung von π vorkommt oder nicht, gleichgültig ob wir dies jemals wissen oder nicht! Und demnach ist (S) wahr oder falsch, basta.[27]

Doch so leicht können wir es uns nicht machen. Dieser Einwand setzt nämlich offensichtlich voraus, dass die vollständige unendliche Dezimalentwicklung von π draußen in der Welt gegeben ist und somit (S) entweder wahr oder falsch macht. Aber diese Voraussetzung ist falsch. Daraus, dass die Dezimalentwicklung von π nach Prinzip (KN) als potentiell unendlich betrachten können, folgt nicht, dass wir sie auch als aktual unendlich betrachten dürfen. In der Mathematik dürfen wir nur mit endlichen, begrenzten (»finiten«) Mitteln arbeiten.

Aus dieser Sicht gibt es die vollständige aktual-unendliche Dezimalentwicklung von π nicht. Es ist daher nicht nur so, dass wir das aktuale Unendliche nicht durchdenken können, weil dies für uns einen unendlichen Zeitaufwand und somit ein unendliches Leben erfordern würde. Vielmehr ist jeder Satz der Form *Die vollständige (also aktual-unendliche) Dezimalentwicklung von π hat die Eigenschaft X (enthält Y etc.)* ein Satz, dessen Subjekt-Ausdruck auf nichts in der Welt referiert (»Bezug nimmt«), ähnlich wie zum Beispiel der Satz *Das Einhorn ist ein hübsches Tier* oder *Der Teufel ist ein übler Geselle.* Derartige Sätze haben keine Wahrheitsbedingungen, sie machen keinen Sinn und sind weder wahr noch falsch – sie sind unsinnig und, wie einst Paul Lorenzen formulierte – einfach Unfug. Wir können vielleicht *imaginieren*, dass ein Einhorn durch den Märchenwald galoppiert, aber *Denken* sollten wir so verstehen, dass es einen bestimmten Inhalt hat, der wahr *oder* falsch, korrekt *oder* inkorrekt ist. Und das scheint für Imaginationen über Einhörner oder Teufel nicht zu gelten.[28] Auch der einflussreiche Philosoph Ludwig Wittgenstein hat dezidiert einen mathematischen Finitismus vertreten:

> »[i]t is senseless to speak of the *whole* infinite number series, as if it, too, were an extension … [I]t still looks now as if the quantifiers make no sense for numbers. I mean: you can't say ›(*n*) φ*n*‹, precisely because ›all natural numbers‹ isn't a bounded concept. But then neither should one say a general proposition follows from a proposition about the nature of number. But in that case it seems to me that we can't use generality – all, etc. – in mathematics at all. There's no such thing as ›all numbers‹.«[29]

Rodych beschreibt Wittgensteins Position so:

> »In sum, because a mathematical extension is necessarily a finite sequence of symbols, an infinite mathematical extension is a contradiction-in-terms. This is the foundation of Wittgenstein's finitism. Thus, when we say, e.g., that ›there are infinitely many even numbers,‹ we are *not* saying ›there are an infinite number of even numbers‹ in *the same sense* as we can say ›there are 27 people in this house‹; the infinite series of natural numbers is nothing but ›the infinite possibility of finite series of numbers‹ … Since a mathematical set is a finite extension, we cannot *meaningfully* quantify over an infinite mathematical domain, simply because there is no such thing as an infinite mathematical domain«.[30]

Und insofern ist es uns Menschen unmöglich, aktuale Unendlichkeit zu denken.

Die finitistische These, die in diesen Zitaten artikuliert wird, ist allerdings überzogen. Betrachten wir zum Beispiel die Allquantifikation: »Für alle ganzen Zahlen x mit x ≠ 1 gilt n>1.« An diesem Beispiel wird deutlich, dass es genau genommen auf die Deutung des Allquantors ankommt. Verstehen wir den Allquantor in dem Sinn »Wenn Du sämtliche ganzen Zahlen n ab 2 durchgehst, dann gilt für jede dieser Zahlen n>1«, so ist das ein für endliche Menschen unmögliches Manöver, weil der Allquantor hier im aktualen

Sinn verstanden wird. Verstehen wir den Allquantor aber in dem Sinn »Gib mir eine beliebig große, aber feste ganze Zahl n* vor, dann können wir stets die Zahl n*+ 1 konstruieren, und dann gilt offenbar n*>1«, so ist das ein für Menschen mögliches Manöver, weil der Allquantor hier im potentiellen Sinn verstanden wird. Es ist also zu stark zu behaupten, sämtliche Allquantifikationen über unendliche Mengen seien unsinnig. Es kommt vielmehr auf die Interpretation der Semantik des Allquantors an.

Der Finitismus hat weitreichende Konsequenzen für die Grundlagen der Logik und Mathematik. Gewöhnlich setzt man voraus, dass *jeder* behauptende Satz entweder wahr oder falsch ist. Diese Voraussetzung wird das Bivalenzprinzip (oder auch Prinzip vom ausgeschlossenen Dritten) genannt. Das Bivalenzprinzip ist eine wichtige Grundlage der Mathematik und der klassischen Logik. Denn zum einen ist das Bivalenzprinzip logisch gleichwertig mit dem Prinzip der doppelten Verneinung, also mit dem Theorem, dass für jeden Satz p gilt: nicht (nicht p) → p. Und das Prinzip der doppelten Verneinung ist seinerseits die Grundlage für indirekte Beweise, in denen man zum Beweis eines Satzes p annimmt, dass p nicht gilt, und von dieser Annahme zeigt, dass sie falsch sein muss. Dann hat man gezeigt, dass nicht-p nicht gilt, und somit ist aufgrund des Prinzips der doppelten Verneinung p bewiesen. Indirekte Beweise sind in Logik und Mathematik weit verbreitet, vor allem weil sie oft einfacher sind als direkte Beweise. Zum anderen ist das Bivalenzprinzip aber auch eine der wichtigsten Grundlagen der klassischen Logik. Denn in der klassischen Logik muss unter anderem die Bedeutung logischer Ausdrücke wie »und« oder »wenn-dann« angegeben werden. Dazu überlegt man sich, welche Funktion solche Ausdrücke in der Sprache haben. Eine dieser Funktionen – für die Logik die entscheidende Funktion – besteht darin, dass solche Verbindungsausdrücke zwei Sätzen, die durch sie verbunden werden, den Wert wahr oder falsch zuweisen, wenn bekannt ist, ob die beiden Einzelsätze wahr oder falsch sind. Sind zum Beispiel zwei Sätze p und q beide wahr, so wird der Satz p-und-q auch wahr sein. Wenn aber mindestens einer der beiden Sätze p und q falsch ist, so ist der Satz p-und-q auch falsch. Damit haben wir die Bedeutung von »und« angegeben, mit der die klassische Logik arbeitet. Diese Angabe greift offensichtlich auf das Bivalenzprinzip zurück. Wenn daher das Bivalenzprinzip falsch ist, dann auch die klassische Logik. Daher wurden nicht-klassische Logiken entwickelt, die nicht auf Bivalenz zurückgreifen, zum Beispiel die sogenannte intuitionistische Logik und die dialogische Logik.[31]

Das allgemeine Resultat der bisherigen Überlegungen in diesem Kapitel ist, dass wir Menschen als endliche Wesen das quantitative Unendliche nicht als aktual gegeben denken können. Wir können, heißt das, nicht denken, dass die Elemente einer unendlichen Menge in der Welt zugleich existieren. Wir können uns daher das Unendliche gemäß (KN) nur als potentiell unendlich gegeben vorstellen.

Wenn nun aber Gott eine maximal große Realität und in diesem Sinne unendlich ist und wenn diese Unendlichkeit quantitativ ist, dann muss diese Unendlichkeit eine aktuale Unendlichkeit sein, denn wäre Gott lediglich potentiell unendlich, so wäre er kein perfektes Wesen (wie bereits Aristoteles geltend gemacht hat). Gottes Perfektion impliziert die Aktualität seiner quantitativen Unendlichkeit. Eine aktuale quantitative Unendlichkeit (also jede Unendlichkeit von beliebigen existierenden Dingen, die sich durchnummerieren lässt) können wir jedoch, wie gezeigt, nicht denken. Und somit können wir Gott nicht als quantitativ unendliches Wesen denken.[32]

Nun gibt es allerdings eine hochinteressante Entwicklung in der modernen Mathematik, die nach Auffassung vieler Autoren das aktual Unendliche in die Mathematik zurückgebracht und rehabilitiert hat. Ende des 19. Jahrhunderts hat sich der deutsche Mathematiker Georg Cantor intensiv mit dem Unendlichen beschäftigt. Cantor hat zunächst gezeigt, dass die Menge der natürlichen Zahlen und die Menge der rationalen Zahlen (also der Brüche) gleichmächtig sind, obwohl es doch intuitiv sozusagen unendlich mehr rationale als natürliche Zahlen zu geben scheint. Allein im Intervall zwischen 1 und 2 liegen schon unendlich viele rationale Zahlen. Aber darüber hinaus hat Cantor nachgewiesen, dass es tatsächlich unendliche Mengen gibt, die nicht gleichmächtig sind – insbesondere Mengen, die echt größer sind als die unendliche Menge der natürlichen Zahlen.

Die grundlegende Überlegung, die zu dieser Einsicht führt, ist im Kern recht einfach. Wir können nämlich einerseits Einer-Mengen bilden, die nur ein Element enthalten, zum Beispiel die Menge

{2}; und zum anderen können wir auch Mengen von Mengen bilden, zum Beispiel die Menge {{2}, {2,3}, {1,3,5}}. Und somit können wir für jede Menge M auch ihre Potenzmenge bilden – das ist die Menge aller Teilmengen von M (eine Teilmenge von M ist jede Menge, die lediglich einige, aber nicht alle Elemente aus M enthält).

Für den Fall endlicher Mengen können wir uns anhand von Beispielen schnell klarmachen, dass die Potenzmenge einer Menge M stets mehr Elemente enthält (also quantitativ größer ist) als M selbst und daher auch nicht gleichmächtig mit M ist. Betrachten wir beispielsweise die Menge M 1 = {1,2,3}. Die Potenzmenge von M 1 enthält offenbar unter anderem alle Einer-Mengen mit den jeweiligen Elementen aus M, also {1}, {2} und {3}, darüber hinaus aber auch noch die Mengen {1,2} {2,3} und {1,3}, ist also bereits doppelt so groß wie M. Und schauen wir uns noch die Menge M 2 = {1,2,3,4} an, so enthält die Potenzmenge von M 2 ebenfalls alle Einer-Mengen mit den jeweiligen Elementen aus M, also {1}, {2}, {3} und {4}, darüber hinaus aber auch noch die Mengen {1,2}, {1,3}, {1,4}, {2,3}, {2,4}, {3,4}, {1,2,3}, {1,2,4}, {1,3,4} und {2,3,4}, ist also bereits mehr als doppelt so groß wie M 2. Diese Beispiele legen eine Vermutung nahe: Je größer die Ausgangsmengen sind, desto größer ist die quantitative Differenz zwischen Mengen und ihren Potenzmengen. Für den allgemeinen Fall, der auch unendliche Mengen einschließt, reichen unsere Beispiele als Begründung nicht aus, insbesondere auch deshalb nicht, weil – wie wir gesehen haben – zwei unendliche Mengen, die intuitiv verschieden groß sind, gleichmächtig sein können (wie die Menge der natürlichen Zahlen und die Menge der geraden natürlichen Zahlen). Wir brauchen einen mathematischen Beweis für die These, der zeigt, dass für jede beliebige Menge M (auch wenn M unendlich ist) die Potenzmenge mehr Elemente enthält ist als M selbst und nicht gleichmächtig mit M ist – und diesenBeweis hat Cantor gefunden.

Dazu hat Cantor Folgendes überlegt: Es sei N die Menge der natürlichen Zahlen und Pot(N) die Potenzmenge von N (also die Menge aller Teilmengen von N). Nun konstruieren wir eine Abbildung (also eine mathematische Funktion) f: m → Pot(N), die jeder natürlichen Zahl m eindeutig eine bestimmte Teilmenge von N zugeordnet (die Wertemenge Pot(N) der Abbildung f kann auch als f(m) geschrieben werden, das heißt es ist, allgemein gesagt, f(m) =

Pot (N)). So könnte es sein (wenn wir f entsprechend konstruieren), dass z. B. unter anderem gilt: f(1) = {2,3} und f(2) = {1,3,5}.

Jetzt konstruieren wir eine Teilmenge von N, die von unserer Abbildung f nicht erfasst werden kann, und zwar die Menge S:= {m ε N | m nicht ε f(m)}. Das heißt, dass S die Menge aller natürlichen Zahlen m ist, für die gilt: Wenn gemäß der Abbildung f der natürlichen Zahl m die Potenzmenge f(m) zugeordnet ist, dann ist m kein Element von f(m).

Man kann dann beweisen, dass die Menge S kein Bild einer natürlichen Zahl gemäß der Abbildung f ist, das heißt dass f die Menge S nicht erfasst. Denn entweder ist m in f(m) oder nicht. Wenn m in f(m) ist, dann ist (nach Definition von S) m nicht in S. Also ist f(m) ≠ S. Wenn m nicht in f(m) ist, dann ist m in S. Also ist (nach Definition von S) ebenfalls f(m) ≠ S. Und das gilt für jede natürliche Zahl m!

Angenommen zum Beispiel, wir definieren f(m) = {m + 1, m + 2, m + 3, …}, also f(1) = {2, 3, 4, …}, f(2) = {3, 4, 5, …}, usw. bis ins Unendliche, dann werden durch f die Teilmengen {m, m + 1, m + 2, m + 3, …} von N für jede natürliche Zahl m nicht erfasst. Denn diese Teilmengen sind kein Bild der mathematischen Funktion f, werden also durch f nicht einer natürlichen Zahl zugeordnet.

Es ist daher nicht möglich, zwischen N und Pot(N) eine umkehrbar eindeutige Zuordnung herzustellen und sie damit als gleichmächtig zu erweisen. Pot(N) enthält sozusagen mindestens ein Element mehr als N. Man könnte sagen: Pot (M) > M für alle unendlichen Mengen M. Wir haben eine Unendlichkeit gefunden, so scheint es, die größer ist als die abzählbare Unendlichkeit der Menge der natürlichen Zahlen. Es gibt unendliche Mengen, die nicht gleichmächtig sind.

Es gibt demnach viele unterschiedlich große Unendlichkeiten. Gehen wir beispielsweise noch einmal von der unendlichen Menge N der natürlichen Zahlen aus, dann ist die Potenzmenge P von N – schreiben wir sie P(N) – wie wir jetzt wissen, auch unendlich, aber größer als, *und* nicht gleichmächtig mit M. Es ist leicht zu sehen, dass es nicht bei diesen beiden Unendlichkeiten bleibt. Denn sei N eine unendliche Menge, dann ist nicht nur P(N) eine größere unendliche Menge als N, sondern P(P(N)) – also die Menge aller Teilmengen von P(N) – ist auch größer als N *und* P (N). Und dieses Manöver können wir mit der Reihe P(P (P (N))), P (P (P(P (N)))), P (P (P (P (P (N))))) etc. bis ins Unendliche fortsetzen. Es scheint somit unendlich viele unterschiedlich große Unendlichkeiten zu geben.

Und darum kann man, wie es scheint, eigene Zahlensymbole für all diese verschiedenen Unendlichkeiten einführen. Wenn wir zum Beispiel sagen: И = abzählbare Unendlichkeit von N, Л = Unendlichkeit von P(N), dann scheint zu gelten: Л > И. Solche Zahlen hat man transfinit genannt. Mit transfiniten Zahlen werden offenbar aktuale Unendlichkeiten bezeichnet, wie Cantor ausdrücklich betont hat. Andernfalls würde die Größer-Kleiner-Beziehung keinen Sinn ergeben. Und so scheint das Aktual-Unendliche mit großer Wucht in die Mathematik zurückgekehrt zu sein.

Cantor hat seine Überlegungen zur aktualen Unendlichkeit und Unbeschränktheit in der Mathematik der transfiniten Zahlen als wichtigen Schritt auf dem Weg zum Thron Gottes bezeichnet. Das bedeutet allerdings nicht, dass Cantor die Unendlichkeit Gottes ihrer Art nach vollständig mit der Unendlichkeit der transfiniten Zahlen identifiziert hat, sondern nur, dass beide Unendlichkeiten in Hinsicht auf ihre Unbeschränktheit übereinstimmen. Dennoch werden diese Überlegungen oft als Schritt zum Wissen über Gott interpretiert.

Nichts kann falscher sein als diese Interpretation. Cantor spricht im Kontext seiner Theorie der Unendlichkeit über Gott in Begriffen des Absoluten, auf das das »Transfinite« verweist. Diesen absoluten Gott nenne er auch das »wahrhaft Absolute, an dessen Größe keinerlei Hinzufügung oder Abnahme statthaben kann und welches daher quantitativ als absolutes Maximum anzusehen ist«. Hier artikuliert Cantor offenbar die Idee Gottes als maximaler Größe. In Begriffen der Theorie des Transfiniten ist Gott die unendliche Gesamtheit aller unendlich verschiedenen Unendlichkeiten, die von den transfiniten Zahlen bezeichnet werden. Für Cantor ist Gott also eine absolute Unendlichkeit – die größte vorstellbare Unendlichkeit, mit der wir sicherlich an der Grenze unserer Denkmöglichkeiten operieren.

Doch ist diese Idee mehr als ein vager Grenzbegriff? Cantor macht mit Recht geltend, dass dies *nicht* der Fall ist. Wir können uns als Menschen eine Fortsetzung der Reihe der immer größer werdenden Unendlichkeit vorstellen, ihren Endpunkt – das Absolute oder Gott – jedoch niemals erreichen. Wir können Gott daher nicht erfassen und auch nicht annähernd erkennen, sondern allenfalls anerkennen. Tatsächlich hat Cantor ausdrücklich festgestellt, dass genau diese Art von absoluter aktualer Unbeschränktheit dem menschlichen Geist nicht zugänglich ist. Cantor zieht daher aus seiner mathematischen Arbeit über transfinite Zahlen und seinen Reflexionen über Gottes aktuale Unendlichkeit eindeutig agnostische Konsequenzen.[33] Wir können Gott zwar eine absolute aktuale Unendlichkeit und Unbeschränktheit zusprechen, doch diese Unendlichkeit und Unbeschränktheit können wir Menschen als endliche Wesen nicht denken. Daher können wir Gott als unendliches Wesen auch nicht erkennen.[34]

Tatsächlich können wir noch einen Schritt weiter gehen. Cantors eigene mathematische Überlegungen und einige neuere mathematische Studien zeigen nämlich, dass Cantors Idee vom Absoluten und von einem maximal unendlichen und großen Gott einen logischen Widerspruch enthält.[35] Betrachten wir zum Beispiel die Menge aller Mengen – nennen wir sie U (die universale Menge von Mengen). Nun hat nach Cantors oben erwähntem Beweis die Potenzmenge P(U) von U mehr Elemente als U. Die Elemente von P(U) sind jedoch nach Definition Mengen. Also ist P(U) eine Menge, die mehr Elemente hat als die Menge U, die aber bereits schon *alle* Mengen enthalten soll. Und das ist ein logischer Widerspruch.

Oder betrachten wir die totale Summe absolut aller Dinge (sozusagen das »Ganze«), aufgefasst als Cantor'sche Menge, und nennen wir sie U*. Dann können wir die Potenzmenge P(U*) bilden, die eindeutig mehr Elemente enthält als U*, so dass erneut ein logischer Widerspruch entsteht. Und dasselbe gilt für die Menge aller Fakten.[36]

Das Resultat dieser Überlegungen ist, dass die Idee maximaler Größen, also die Vorstellung von maximal großen Gesamtheiten beliebiger Art (von Theisten oft auch »das Ganze« genannt), Widersprüche involviert, also inkonsistent ist. Das bedeutet auch, dass wir Gott die Cantor'sche absolute Unendlichkeit – entgegen dem Votum von Cantor selbst – nicht zuschreiben können. Denn da diese Unendlichkeit widersprüchlich ist, bedeutet sie alles und nichts, hat also keinen spezifischen Inhalt und ist semantisch leer. Folglich können wir diese Idee nicht denken. Und folglich können wir Gott auch nicht als maximal groß oder als maximale Größe denken.[37]

Teil III
Gott und Geist

Die wichtigste Bestimmung Gottes in den abrahamitischen Religionen ist, dass Gott zumindest einen Geist hat oder sogar ein reiner Geist ist. Darüber hinaus wird Gott oft auch als Subjekt oder Person angesehen. Ein Subjekt oder eine Person muss zumindest einen Geist haben. Im dritten und letzten Teil dieses Essays soll daher geprüft werden, ob wir Gott als Wesen denken können, das einen Geist hat oder sogar ein Geist ist (wie sich herausstellt, muss man nicht zwischen diesen beiden Varianten unterscheiden).

So wie im zweiten Teil auf die mathematische Theorie der Unendlichkeit zurückgegriffen wurde, um zu entscheiden, ob wir Gott als unendliches Wesen denken können, so müssen wir in diesem dritten Teil auf die moderne Theorie des Geistes zurückgreifen, um zu entscheiden, ob wir Gott als Geist denken können. Daher muss zunächst die moderne Theorie des Geistes im Umriss dargestellt werden (Kapitel 5). Anschließend kann dann nachgewiesen werden, dass wir Gott nicht als einen optimierten menschlichen Geist denken können (Kapitel 6). Gott als Geist oder Subjekt oder Person zu betrachten ist nicht Ausdruck eines Wissens über Gott, sondern – wie sich zeigen wird – eine inkonsistente Beschreibung.[1]

5. Der menschliche Geist: ein Umriss

Gott ist ein geistiges Wesen, genauer ein Geist oder Subjekt, und zwar auf perfekte Weise (vgl. (G) (3)–(4)). Die Theisten sind der Auffassung, dass Gott in kognitiver Hinsicht fehlerlos funktioniert: »Unser Denken ist fehlbar und irrtumsanfällig. Gott unterlaufen keine Denkfehler und Irrtümer.«[2] Nur Wesen, die einen Geist haben, können denken. Doch was ist ein Geist? Was könnte es heißen, dass Gott ein Geist *ist*? Das beste Modell, das wir zur Verfügung haben, ist unser Geist – der menschliche Geist.

Es ist mehr als verwunderlich, dass die alten und neuen Theisten den Begriff des Geistes, den sie alle auf Gott anwenden, in keiner Weise theoretisch reflektieren. Wir müssen demgegenüber nicht nur darauf bestehen, sorgfältig zu prüfen, ob wir einem Gott widerspruchslos zuschreiben können, einen Geist zu haben oder gar (nichts als) ein Geist zu sein, sondern wir sind gegenwärtig auch in der Position, prüfen zu *können*, ob diese Zuschreibung sinnvoll und konsistent ist. Denn dafür können wir heute auf die moderne Theorie des Geistes zurückgreifen. Diese Theorie lässt sich nicht in wenigen Sätzen beschreiben, sondern muss in einem eigenen Kapitel dargestellt werden. Erst auf dieser Grundlage kann dann im nächsten Kapitel die Frage diskutiert werden, ob und inwiefern Gott ein Geist sein kann. Einen Geist zu haben ist im Übrigen auch eine notwendige Bedingung dafür, über Wissen zu verfügen – ein Merkmal, das die Theisten (in Gestalt des Allwissens) ebenfalls für Gott reklamieren.

Ausgangspunkt der modernen Theorie des Geistes ist eine offene Liste von mentalen (= geistigen) Zuständen, an denen sich typische Kennzeichen des Geistes studieren lassen.[3] Zu diesen mentalen Zuständen gehören unter anderem Empfindungen, Stimmungen, Gefühle, Träume, Erinnerungen, Wünsche, Absichten, Interessen, Gedanken, Meinungen, Überzeugungen und Erwartungen – also Episoden, die uns allen vertraut sind. Bemerkenswert an dieser Liste ist, dass sie Wahrnehmungen und Gefühle einschließt, die in älteren Theorien des Geistes oft eher als körperliche Phänomene betrachtet wurden.[4] Der *Geist* eines Organismus wird in einem ersten Anlauf als die Gesamtheit seiner mentalen Zustände betrachtet.

Unsere mentalen Zustände helfen uns, in unserer Interaktion mit der externen Welt – mit all ihren Dingen und Geschöpfen – zurechtzukommen. Wie bereits erwähnt, ist die elementarste Form der Interaktion geistiger Wesen mit der Welt ein WBR-Kreislauf – ein Kreislauf von Wahrnehmungen, Bewertungen und adaptiven Reaktionen. Christine sieht einen brüllenden Bären, bekommt schreckliche Angst und rennt weg. An derartigen Mechanismen, die unter Menschen und vielen Tieren verbreitetet sind, lassen sich die grundlegendsten Merkmale mentaler Zustände ablesen – im konkreten Fall der armen Christine anhand ihrer Wahrnehmung des Bären und ihres mentalen Angstgefühls. Mentale Zustände schweben natürlich nicht einfach so – man weiß nicht wo – im Kopf herum. Wenn Christine den Bären erblickt und Angst bekommt, feuern Neuronen in bestimmten Regionen ihres Gehirns. Diese neuronale Aktivität, so müssen wir aufgrund zahlloser Experimente annehmen, ist sehr eng an Wahrnehmungen und Gefühle – allgemeiner an Gedanken jeglicher Art – gebunden. Mentale Zustände können wir am besten als neuronale Aktivitäten betrachten, die Eigenschaften annehmen, die sie zu mentalen Zuständen machen.[5] Doch um welche Eigenschaften handelt es sich genauer? Schauen wir auf die panische Christine!

Ihre Wahrnehmung des Bären und ihre Angst vor dem Bären haben zunächst einmal bestimmte *Funktionen*. Die Wahrnehmung hat die Funktion, Christine darüber zu informieren, dass sich ein Bär in ihrer Nähe aufhält. Allgemein haben unsere Wahrnehmungen und Meinungen die Funktion, Fakten in der Welt zu registrieren, die für die Bewältigung unserer zentralen Lebensaufgaben wichtig sind. Christines Angst evaluiert (das heißt bewertet) den Bären als gefährlich und hat die Funktion, angesichts dieser gefährlichen Situation eine Reaktion auszulösen, die sie aus der Gefahrenzone bringt, zum Beispiel die Flucht (oder vielleicht auch eine Schockstarre). Wünsche haben die Funktion, Handlungen auszulösen, die dazu beitragen, positiv bewertete, aber noch nicht realisierte Umstände herbeizuführen.

Diese Funktionalität ist allerdings kein Alleinstellungsmerkmal von mentalen Zuständen, denn es gibt diverse andere Dinge und Zustände, denen Funktionen zukommen. Die Funktionen, um die es sich hier handelt, sind offenbar keine mathematischen Funktionen, die bekanntlich Vorschriften sind, nach denen Elemente einer Menge den Elementen einer zweiten Menge eindeutig zugeordnet werden können. Vielmehr handelt es sich um *faktische Funktionen*, die sich als kausale Effekte einer Maximierung der inklusiven Fitness beschreiben lassen. Die langen Hälse von Giraffen haben zum Beispiel den kausalen Effekt (die faktische Funktion), Nahrung an hohen Bäumen erreichen zu können, und das ist für Giraffen überlebensdienlich (im Sinne inklusiver Fitness). Die meisten faktischen Funktionen sind durch evolutionäre Mechanismen formiert worden (in diesem Fall nennt man sie auch *echte Funktionen*).[6] Und *Normale Bedingungen* (mit großem N) sind diejenigen archaischen Bedingungen, unter denen sich gewisse kausale Effekte als überlebensdienlich erwiesen haben und daher beibehalten wurden. Wichtig ist, dass faktische Funktionen erfolgreich (funktional) oder erfolglos (dysfunktional) sein können. Wenn zum Beispiel Giraffen in eine Umwelt geraten, in denen kein hoher Baum mehr eine geeignete Nahrung für Giraffen trägt, so sind die langen Hälse zu nichts mehr nütze und werden dysfunktional. Dennoch behalten die langen Hälse ihre alte Funktion. Man könnte sagen, die langen Hälse sollen immer noch dem Nahrungserwerb dienen, aber leider schaffen sie dies nicht mehr. Echte Funktionen werden dysfunktional, wenn die Bedingungen, unter denen sie operieren sollen, zu sehr von den Normalen Bedingungen abweichen. Wenn im Folgenden von Funktionen und Funktionalität die Rede ist, dann im Sinne von faktischen oder echten Funktionen.

Christine nimmt wahr, dass dort ein Bär ist und dass er brüllt, und vielleicht entwickelt sie auch die Überzeugung, dass es sich um einen ausgewachsenen Grizzly handelt (was ihre Angst nicht gerade mildern würde). *Was* sie wahrnimmt und meint, ist der *Inhalt* ihrer Wahrnehmung oder Meinung. Es ist hilfreich, diesen Inhalt – wie soeben geschehen – in Form einer Dass-Klausel darzustellen. Man sagt auch, Christines Wahrnehmung *repräsentiert*, dass dort ein Bär ist und dass er brüllt, und ihre Überzeugung *repräsentiert*, dass es sich um einen ausgewachsenen Grizzly handelt. Und es liegt nahe anzunehmen, dass Wahrnehmungen oder Meinungen Fakten in der Welt repräsentieren, zum Beispiel das Faktum, dass der Bär dort brüllt. So hat man auch lange Zeit geredet, und so redet die Semiotik noch heute, wenn sie die Repräsentation R eines Dinges X als Zeichenbeziehung beschreibt, in der R das Bezeichnende (*significans*) und X das Bezeichnete (*significatum*) ist. Doch damit wird das Entscheidende an Repräsentationen übersehen.

Das können wir uns leicht an weiteren Beispielen klar machen. Einige Menschen sind nach wie vor der Meinung, dass die Sonne um die Erde kreist. Ihre Meinung repräsentiert, dass die Sonne um die Erde kreist. Aber diese Meinung ist falsch und steht daher keineswegs für ein Faktum in der Welt. Und Orest erblickte hinter sich die furchtbaren Erinnyen und rannte panisch davon. Orests Wahrnehmung repräsentierte, dass hinter ihm die furchtbaren Erinnyen auftauchten. Aber seine Wahrnehmung war eine

Halluzination und stand keineswegs für ein Faktum in der Welt. Sowenig Funktionen verschwinden, wenn sie dysfunktional werden, so wenig verschwinden Repräsentationen, wenn sie inkorrekt oder falsch sind. Repräsentationen haben die merkwürdige, ja rätselhafte Eigenschaft, korrekt-oder-inkorrekt, erfüllt-oder-nicht-erfüllt, wahr-oder-falsch zu sein.[7] Wir sehen, dass dort ein Baum steht, erinnern uns an die schönen Ferien, wünschen uns, dass wir Karriere machen, träumen, dass wir eine Weltreise machen, oder meinen, dass es morgen regnet – und zwar unabhängig davon, ob unsere Wahrnehmungen, Erinnerungen oder Meinungen korrekt sind oder unsere Wünsche und Träume sich erfüllen oder nicht. Der Inhalt dieser Repräsentationen (beschrieben in den Dass-Klauseln) zeigt an, unter welchen Bedingungen die Repräsentationen wahr (korrekt) sind und unter welchen Bedingungen sie falsch (inkorrekt) sind.

Allgemein formuliert: Eine Repräsentation mit dem Inhalt, dass Faktum p der Fall ist, zeigt an, dass sie wahr (korrekt) ist, wenn p der Fall ist, *und* dass sie falsch (inkorrekt) ist, wenn p nicht der Fall ist. Wenn sie wahr ist, dann bezieht sich (*referiert*) die Repräsentation auf ein Faktum in der Welt (nämlich auf das Faktum p). Man nennt den Inhalt von Repräsentationen auch ihren *semantischen Gehalt*. Diesem semantischen Gehalt lassen sich die *Korrektheitsbedingungen* von Repräsentationen entnehmen. Aber nur wahre Repräsentationen beziehen sich auf die Welt. Dies ist der zentrale Punkt: Wir müssen den *Bezug* (die *Referenz*) einer Repräsentation von ihrem semantischen Gehalt streng unterscheiden. Es sind der semantische Gehalt und die mit ihm verbundenen Korrektheitsbedingungen, die eine Repräsentation zu einem mentalen Zustand machen.

Physische Zustände in der Welt haben keinen semantischen Gehalt und weisen keine Korrektheitsbedingungen auf. Dass dieser Tisch weiß ist, ist ein Faktum, keine Repräsentation. Meine Meinung, dass dieser Tisch weiß ist, ist dagegen eine Repräsentation mit dem semantischen Gehalt, dass dieser Tisch weiß ist. Repräsentationalität ist das grundlegende Merkmal mentaler Zustände. Man nennt dieses Merkmal auch *veridische Normativität*, weil Repräsentationen natürlich möglichst korrekt sein *sollten*.[8]

Wie kommt es dazu, dass es Zustände – nämlich mentale Zustände – geben kann, die korrekt-oder-inkorrekt sind, also Korrektheitsbedingungen aufweisen? Eine mögliche Erklärung ist, dass nur Zustände mit Korrektheitsbedingungen eine Lerngeschichte in Gang setzen können, die wichtig ist, wenn sich Umwelten von Lebewesen ändern. Ein grundlegender Aspekt der Genese von Korrektheitsbedingungen ist, dass unser Gehirn im Laufe der Evolution zum Beispiel die echte Funktion entwickelt hat, angesichts eines Faktums p die Meinung zu entwickeln, dass p der Fall ist. Und wenn diese Funktion in den gegebenen Umständen nicht dysfunktional ist, so ist meine Meinung wahr und referiert auf das Faktum p. Aber wenn diese Funktion dysfunktional geworden ist, vielleicht weil wir auf *fake news* hereingefallen sind, dann ist unsere Meinung falsch und referiert nicht auf ein Faktum unserer Welt. Die Genese der mentalen Repräsentationalität beruht wesentlich auf einer evolutionären Geschichte und soll Lernprozesse ermöglichen. Repräsentationalität hat notwendigerweise eine historische Dimension. Wir könnten heute nicht einen Gedanken haben, der repräsentiert, dass es gerade regnet, wenn unsere Vorfahren nicht des Öfteren dem Regen begegnet und erfolgreich mit ihm umgegangen wären. Das ist einer der zentralen Grundsätze der modernsten Form der Semantik (= Theorie der Bedeutungen und semantischen Gehalte), der *externalistischen Semantik* und ihrer wichtigsten Variante, der *Teleosemantik*.[9]

Repräsentationen in sprachlicher Form weisen besondere Merkmale auf. Sie haben unter anderem einen *psychologischen Modus* (neuerdings auch *Format* genannt). Beispielsweise kann Christine sowohl die Absicht als auch die Überzeugung haben, dass sie im kommenden Monat das Philosophie-Examen besteht. Dann haben diese beiden Repräsentationen denselben semantischen Gehalt, nämlich dass Christine im nächsten Monat das Philosophie-Examen besteht; doch handelt es sich um zwei verschiedene *Arten mentaler Zustände*, weil sie unterschiedliche psychologische Modi enthalten (eine Absicht bzw. eine Überzeugung).

Sprachliche Repräsentationen weisen neben der veridischen Normativität häufig auch *rationale*, insbesondere *logische Beziehungen* zueinander auf. Wenn wir denken, dass dieses Tier eine Schnecke ist, sollten wir logischerweise auch denken, dass dieses Tier kein Säuger ist; wenn wir davon überzeugt sind, dass Clauberg ein scharfsinniger Hermeneutiker war, sollten wir logischerweise nicht zugleich davon überzeugt sein, dass Clauberg kein scharfsinniger Hermeneutiker war; wenn wir die Absicht haben, im nächsten Jahr in den USA zu leben, sollten wir logischerweise nicht zugleich die Absicht haben, zur selben Zeit in Italien zu leben. Natürlich ist es faktisch möglich, Widersprüchliches zu meinen oder zu beabsichtigen, doch in einem guten logischen Sinn sollten wir möglichst nichts Widersprüchliches meinen oder beabsichtigen. Denn aus einem widersprüchlichen Gedanken folgt logisch jeder beliebige Gedanke. Und daher gibt es genauer betrachtet im Falle eines widersprüchlichen Gedankens überhaupt keinen Gedanken mit spezifischem semantischem Gehalt. Eine Repräsentation liegt nicht vor.

Menschliche Repräsentationen bilden also *semantische Netze, die weitgehend logisch organisiert sind.* Daher kann man hier von *logischer Normativität* sprechen. Veridische und logische Normativität verweisen auf eine überwiegend *rationale Organisation mentaler Zustände von Menschen.* Diese Organisation ermöglicht es uns, unsere mentalen Zustände zu *begründen* oder zu *kritisieren*, also in das *Spiel des Gebens und Einforderns von Gründen einzutreten* und zwischen guten und schlechten Gründen zu unterscheiden.[10] Wenn Julian sagt: »Übermorgen werde ich reich sein, denn übermorgen wird mir meine hohe Lebensversicherung ausgezahlt«, dann ist das eine passable Begründung. Wenn Martin sagt: »Übermorgen werde ich reich sein, denn dann gewinne ich im Lotto«, so ist das wegen der Gewinnchancen von ca. 1 zu 50 Millionen keine besonders gute Begründung. Die kognitive Psychologie kann empirisch nachweisen, dass semantische Netzwerke bei Menschen kognitiv tatsächlich operativ sind.[11]

Zurück zu Christine! Wenn Christine Angst vor dem Bären hat, so bewertet sie, wie wir gesagt haben, den Bären als gefährlich. Aber sie fühlt auch in ihrem Inneren diese schreckliche Angst. Sie erlebt, wie es ist, panische Angst zu haben. In einer deutlich besseren Situation erlebt sie vielleicht, wie schön es ist, Schuberts letzte Klaviersonate in der dämonischen Interpretation von Svjatoslav Richter zu hören. Diese Erlebnisse sind eine Form von *Bewusstsein.*[12] Viele unserer Wahrnehmungen oder Empfindungen (wie Juckreiz oder Schmerz), Körpergefühle (wie Hunger oder sexuelles Bedürfnis), Emotionen (wie Furcht oder Freude) und Meinungen sind uns bewusst. Wir können zum Beispiel erleben, wie es sich anfühlt, eifersüchtig, neugierig oder empört zu sein. Wer noch nie Todesangst hatte, kann sich vielleicht in langen Büchern darüber informieren, was Todesangst ist, weiß damit aber noch lange nicht, wie es sich anfühlt, Todesangst zu haben. Farbwahrnehmungen sind oft bewusst: Wir wissen, wie es ist, eine rote Tomate zu sehen, aber Farbblinde haben dieses Bewusstsein nicht. In diesen Fällen spricht man vom *phänomenalen Bewusstsein,*[13] das in Wahrnehmungen besteht, die eine Erlebnisqualität aufweisen (z. B. Schmerzen fühlen, Musik genießen, Ekel empfinden, Angst haben).

Allgemein formuliert ist *Bewusstsein mentaler Selbstbezug* und macht zu einem erheblichen Teil unsere Subjektivität und Innerlichkeit aus: Nur ich kann *meine* Schmerzen haben, nur Arnold kann *seine* Eifersucht haben. Bewusstsein enthält oft eine evaluative Komponente.[14] Man könnte sagen, dass uns in einigen bewussten Zuständen, vor allem in Gefühlszuständen, unsere Evaluationen zugänglich werden und dass wir diese Evaluationen erleben können: Gefühle werden zum Beispiel als angenehm oder unangenehm erlebt. Wir können diese *Normativität affektiv* nennen. Affektive Normativität ist etwas anderes als veridische oder logische Normativität. Erst die affektive Normativität geistiger Zustände führt dazu, dass es uns in unserem Leben wirklich um etwas gehen kann.

Nehmen wir an, dass Christine einen Tag nach ihrer Begegnung mit dem Bären noch einmal an dieses Erlebnis denkt. Möglicherweise denkt sie, dass ihr Angstgefühl sehr unangenehm war und dass sie noch nie so schreckliche Angst hatte. Aber vielleicht denkt sie auch, dass sie mit ihrer panikartigen Angst überreagiert hat und hätte besonnener sein sollen. Mit solchen Gedanken denkt Christine über andere ihrer mentalen Zustände nach. Sie entwickelt zum Beispiel Gedanken über ihre Angst, also Gedanken über einige ihrer Gedanken – Gedanken, deren semantischer Gehalt in anderen eigenen Gedanken besteht. Sie betrachtet einige ihrer eigenen Gedanken wie auf einem inneren Monitor. Auch hier handelt es sich offenbar um einen mentalen Selbstbezug, *Monitorbewusstsein* genannt, das darin besteht, Gedanken zweiter Ordnung zu entwickeln, etwa Zweifel über die Berechtigung eigener Meinungen zu haben oder über die eigene Aggressivität bestürzt zu sein. Während wir das phänomenale Bewusstsein mit einigen Tieren teilen (zumindest mit den Säugern, die zum Beispiel Schmerzen oder Angst empfinden können), scheint das Monitorbewusstsein humanspezifisch zu sein. Dieser mentale Selbstbezug kann tatsächlich sehr komplexe soziale Beziehungen abbilden, etwa wenn Herr von Stein befürchtet, dass die Gräfin glaubt, dass ihre Tochter hofft, dass ihre Mutter ihn liebt. Dann ist die Befürchtung des Herrn von Stein ein Gedanke vierter Ordnung.

Das *Selbstbewusstsein* wird oft als Ich-Gefühl beschrieben, das aus Gedanken über sich selbst als Person besteht (z. B. Gedanken darüber, welche Person man selbst sein will, was die eigene Person ausmacht, oder der Gedanke, dass man selbst es ist, die etwas empfindet oder denkt). In dieser Form ist das Selbstbewusstsein eine spezielle Variante des Monitorbewusstseins und folglich ebenfalls humanspezifisch. Aber es gibt auch elementarere Formen des Selbstbewusstseins – zum Beispiel die Fähigkeit, den Spiegeltest zu bestehen, also bei einem Blick in den Spiegel zu realisieren, das man selbst es ist, der im Spiegel abgebildet wird. Schimpansen bestehen den Spiegeltest, aber zum Beispiel auch Elefanten und selbst Rabenvögel. Das *Zugangsbewusstsein* schließlich besteht aus mentalen Zuständen, die für rationale Argumentationen und rationale Kontrolle von Handlungen durch die Akteure selbst herangezogen werden können (z. B. Verwendung eigener Meinungen als Prämissen für logische Argumente oder für die Begründung von Handlungszielen). Wir kennen also mindestens vier verschiedene Formen des Bewusstseins, also eines mentalen Selbstbezuges.

Eine wichtige Klasse von phänomenal-bewussten Zuständen sind *Gefühle*, doch gibt es unterschiedliche Arten von Gefühlen.[15] Schmerzen, Juckreiz, Hunger, Durst und Temperaturempfindungen sind Beispiele für *Körpergefühle*, die sich auf den eigenen Körper und einige seiner Zustände beziehen (= propriozeptive Gefühle). *Emotionen* wie Angst oder Freude dagegen werden typischerweise an externen Objekten festgemacht, *vor* denen wir etwa Angst haben oder *über* die wir uns freuen. Wie wir schon wissen, sind Gefühle nicht nur phänomenal-bewusst, sondern bewerten auch Dinge oder Zustände, auf der grundlegendsten Ebene entweder im positiven oder im negativen Sinne, und sind daher von Wohlbehagen (Lust) oder Unbehagen (Unlust) begleitet. Neugier bewertet zum Beispiel etwas als interessant, Angst bewertet etwas als gefährlich. Wie bereits bemerkt,[16] sind alle geistigen Wesen in den WBK-Kreislauf eingebunden, in dem die wertende Evaluation von Ereignissen eine zentrale Rolle spielt, weil es gerade diese Evaluation ist, die bestimmte adaptive motorische Reaktionen auf die entsprechenden Ereignisse auslöst. Die Evaluation einer Sache macht nur dann Sinn, wenn diese Sache im Prinzip gut *oder* schlecht für das evaluierende Wesen sein kann. Würde dieses Wesen nur mit Sachen konfrontiert werden, die gut für dieses Wesen sind, wären Evaluationen überflüssig und sinnlos.

Gefühle sind aber meist auch Repräsentationen. In vielen Fällen weisen sie Korrektheitsbedingungen auf und stellen im besten Fall Erkenntnisse über die Welt dar. Wenn wir Angst vor einem heranstürmenden Nashorn haben, dann repräsentieren wir das Nashorn visuell, aber unsere Angst repräsentiert auch, *dass das Nashorn (für uns) gefährlich ist.* Wir dürfen uns durch die Innerlichkeit und Subjektivität der Gefühle nicht dazu verführen lassen, ihre Repräsentationalität zu übersehen oder sogar zu bestreiten. Denn obwohl zum Beispiel meine Angst vor dem Bären subjektiv in dem Sinne ist, dass es eben *meine* Angst im Blick auf *meinen eigenen* Körper und *meine eigene* raum-zeitliche Position ist, kann meine Bewertung des Bären als für mich gefährliches Tier korrekt oder auch inkorrekt sein, weist also Korrektheitsbedingungen auf und ist daher repräsentational. Das ist die Kernidee der *kognitiven Gefühlstheorie,* die bereits von Aristoteles vertreten wurde, dann in Vergessenheit geriet und erst im 20. Jahrhundert rehabilitiert wurde.[17]

Die lange übersehene und zum Teil bis heute geleugnete Repräsentationalität der Gefühle ist der entscheidende Grund dafür, dass *Gefühle die grundlegenden Motivationssysteme* geistiger Wesen sind (sofern diese Wesen Gefühle haben). Motivationssysteme sind ihrerseits stets dazu da, künftige negative Zustände zu vermeiden oder künftige positive Zustände zu realisieren. Daher werden Gefühle auch Pushmi-Pullyu-Repräsentationen genannt, die, wie ihre Verbreitung unter den Tieren beweist, die phylogenetische und ontogenetische Grundform von Repräsentationen darstellen.[18]

Die meisten menschlichen Gefühle weisen darüber hinaus logische und rationale Beziehungen zueinander auf (ähnlich wie Meinungen).[19] Mehrere Gefühle können zum Beispiel kohärent (logisch konsistent) oder unvereinbar (logisch inkonsistent) sein, ihre sukzessiven Folgen können unter Rationalitätsstandards beurteilt werden. Nehmen wir zum Beispiel an, dass Till ein höchst mittelmäßiger Ökonomie-Student ist, der sich auf seine Abschlussprüfung nur schlecht vorbereitet hat. Dann ist es *folgerichtig* und *rational*, dass Till erhebliche Angst vor der Prüfung hat und heilfroh wäre, wenn er die Prüfung besteht. Tatsächlich besteht Till die Prüfung, und gar nicht einmal schlecht. Dann wäre es *folgerichtig* und *rational*, wenn er sich riesig freuen und mit seinen Freunden ausgelassen feiern würde. Tatsächlich gerät er aber in eine depressive, traurige Stimmung, zieht sich zurück und will niemanden sehen. Das ist prima facie unverständlich – es wirkt widersprüchlich und inkohärent, und wir fühlen uns motiviert, nach *Gründen* für Tills emotionale Haltung zu suchen. Vielleicht entdecken wir, dass Till insgeheim lieber freier Maler wäre als in einer Firma als Ökonom sein Geld zu verdienen und daher unbewusst lieber durch die Prüfung gefallen wäre. Und darum ist er jetzt traurig. Damit wäre seine emotionale Lage wieder kohärent und vernünftig, und wir könnten sie gut verstehen.

Insgesamt haben wir festgestellt, dass die wichtigsten Kennzeichen, die einen Gehirnzustand zu einem mentalen Zustand machen und daher den Geist auszeichnen, Funktionalität, Repräsentationalität und Bewusstsein sind.

Zum Abschluss müssen wir noch kurz diskutieren, ob der menschliche Geist auch durch Freiheit ausgezeichnet ist. Tatsächlich wird oft behauptet, dass der Mensch gerade vermöge seiner Vernunft und seines Geistes frei ist. Autonomie oder Freiheit bedeutet dabei Unabhängigkeit von allen äußeren Faktoren. Dieses Bild von Freiheit hat eine mächtige Tradition hinter sich, die vor allem von der großen idealistischen Philosophie des 19. Jahrhunderts ausging.[20] Wir können diese Position die *Konzeption der absoluten Freiheit* nennen. Vor kurzem haben Neurowissenschaftler bestritten, dass der Mensch frei ist, und damit eine kulturelle Schockwelle ausgelöst. Es verbreitet sich der Eindruck, dass die Neurowissenschaft unser Selbstverständnis revolutioniert.[21]

Beide Positionen arbeiten jedoch noch mit dem traditionellen Bild der absoluten Freiheit, das seinerseits falsch ist. *Denn absolute Freiheit ist schlicht und einfach nichts anderes als Zufall.* Ein Ereignis ist nämlich dem gegenwärtigen wissenschaftlichen Weltbild zufolge entweder durch vorherige Ereignisse und Naturgesetze vollständig determiniert oder nicht determiniert (also indeterminiert). Eine dritte Möglichkeit gibt es nicht. Ein indeterminiertes Ereignis schwappt ohne jede Ursache in die Welt. Das heißt gerade, dass *absolute Freiheit sich als reiner Zufall entpuppt.* Indeterminierte (absolut freie) Gedanken oder Handlungen würden uns einfach zustoßen, und wir wären daher nicht ihre Urheber. Urheberschaft ist aber eine Minimalbedingung für echte Freiheit. Nach derzeitigem Wissensstand kommt reiner Zufall (absolute Freiheit) nur in subatomaren Prozessen vor.[22] Käme sie auch unter Menschen vor, so wäre sie gewiss nicht humanspezifisch, denn wir würden absolute Freiheit mit einigen atomaren Teilchen wie Protonen teilen.

Die Neurowissenschaftler haben daraus, dass wir nicht absolut frei sind, munter geschlossen, dass wir überhaupt nicht frei sind. Das ist ein dramatischer Irrtum. Die moderne Philosophie vertritt, in voller Übereinstimmung mit unserem wissenschaftlichen Weltbild (ausgenommen das neurowissenschaftliche Weltbild), mehrheitlich seit langem die These, dass Freiheit eine bestimmte Form der Determinierung ist (*kompatibilistische Freiheitstheorie*).[23] Demnach sind wir frei und fühlen uns psychologischen Studien zufolge auch frei, wenn *unsere Gedanken und Handlungen durch unsere bewussten Meinungen und Wünsche determiniert sind.*[24] Wenn wir uns zum Beispiel bewusst wünschen, eine schöne Reise zu machen, und meinen, dass wir dafür Geld sparen müssen, und wenn wir daraufhin Geld sparen, dann ist dieses Sparen eine freie Handlung. Wenn das Sparen durch Androhung physischer Gewalt determiniert wird, ist es nicht frei. *Frei sein heißt, durch eigene mentale Zustände determiniert zu sein.* Genau in diesem Sinne sind wir die Urheber unserer freien Gedanken und Handlungen.[25] Der menschliche Geist und seine Operationen sind determiniert frei, nicht absolut frei. In genau diesem Sinn ist unser Geist tatsächlich die Grundlage unserer Freiheit.

Es ließe sich noch vieles mehr über das Bild des Geistes sagen, das in der modernen Theorie des Geistes entwickelt worden ist. Doch für den Beweiszweck dieses Essays genügt der Umriss, den wir skizziert haben. Aus diesem Umriss folgt, dass unser Geist (und der Geist der Tiere) in vielfältiger Hinsicht mit körperlichen Phänomenen korreliert ist. Im Rahmen des WBR-Kreislaufs interagiert der Geist mit der externen Umwelt und produziert körpereigene Bewegungen. Neurowissenschaftler können nach der Entwicklung bildgebender Verfahren zur Darstellung neuronaler Aktivitäten im Gehirn durch riesige Datenmengen belegen, dass jede mentale Episode mit neuronalen Gehirnaktivitäten korreliert ist. Mehr noch, es gibt umfassende Daten, von denen die These gestützt wird, dass mentale Episoden von neuronalen Aktivitäten produziert werden, während das Umgekehrte nicht der Fall ist – ohne funktionierendes Gehirn kein Geist. Und folglich ist unser Geist sterblich.[26] Die neu entwickelte Theorie der verkörperlichten Kognition (*embodied cognition*) geht der engen Verbindung von mentalen und körperlichen Phänomenen auf vielfältige Weise nach.[27] Doch die tiefste Verbindung zwischen der materiellen und geistigen Sphäre ist die Abhängigkeit der semantischen Gehalte von einer Lerngeschichte im Rahmen von Interaktionen zwischen geistigen Wesen und der externen Welt.

In einem Satz: Der menschliche Geist und der Geist der Tiere sind *per definitionem* kognitiv fallibel, evolutionär geformt und in eine Interaktion mit der materiellen Welt eingebunden. Der Geist ist seiner zentralen Bestimmung nach ein Instrument des Lernens aus Fehlern und des Bewertens externer Ereignisse auf Vorteile und Nachteile hin, die diese Ereignisse für uns nach sich ziehen.

6. Gott als Geist und Denker?

Gott ist nach alter und neuer theistischer Auffassung zumindest ein unendlicher, perfekter, reiner Geist. Es kann keinen Zweifel daran geben, dass der Theismus den Begriff des menschlichen Geistes auf Gott als unendlichen, perfekten, reinen Geist überträgt. Der Kern dieser Übertragung ist die Optimierung menschlicher Kognitionen bis zur Perfektion: »Unser Denken ist fehlbar und irrtumsanfällig. Gott unterlaufen keine Denkfehler und Irrtümer.«

Die methodologische Maxime, dass wir in der religiösen Sprache nicht anders können, als vom Vokabular unserer alltäglichen oder wissenschaftlichen Sprache auszugehen und dieses Vokabular einem Prozess der Reinigung und Idealisierung zu unterziehen, ist in der christlichen Theologie seit langem anerkannt worden und traditionell in drei Stufen oder Wege unterteilt worden: die *via positiva* (der positive Weg: ein Teil des semantischen Gehalts der Ausgangsbegriffe muss bewahrt werden), die *via negativa* (der negative Weg: die semantischen Beschränkungen des Ausgangsbegriffs aufgrund der Endlichkeit der menschlichen Kreatur müssen beseitigt werden) und die *via eminentiae* (der Weg der Außerordentlichkeit: die dermaßen behandelten Begriffe müssen herausgehoben und idealisiert werden, damit sie Gott zugeschrieben werden können).[28]

So ist Gott dadurch definiert, dass er »weder epistemisch noch in dem, was er will, durch etwas beschränkt und begrenzt ist, was er selber nicht will«.[29] Gottes Annahmen sind also

> »von unendlicher Qualität. Menschen haben nur wenige endliche Überzeugungen und Annahmen, einige sind wahr, einige falsch, einige sind gerechtfertigt, andere nicht. Soweit sie gerechtfertigt … sind, werden Annahmen zu Wissen. Dass die Annahmen eines allmächtigen Wesens den Rang von Wissen haben, scheint nun bestens mit seiner Allmacht im Einklang zu stehen (denn wer nicht weiß, was er tut, kann kaum die Macht haben, irgend etwas zu tun) … Um handeln zu können, braucht eine Person Handlungsabsichten. Ihre Absichten können durch Faktoren, die außerhalb ihrer Kontrolle wirken, bestimmt oder wenigstens, wie beim Menschen, stark beeinflusst sein. Für ein allmächtiges Wesen scheint es aber eher angemessen, in seinen Handlungsabsichten vollkommen unbeeinflußt von Faktoren, die außerhalb seiner Kontrolle liegen, d. h. vollkommen frei zu sein … Der Theist behauptet, Gott sei vollkommen frei.«[30]

Richard Swinburne, einer der einflussreichsten gegenwärtigen Theisten, geht ohne jede weitere Hinterfragung davon aus, dass Gott als »reiner Geist«, d. h. als eine »nicht-verleiblichte Person, die allgegenwärtig ist«, zu betrachten ist. Dass Gott nicht-verleiblicht ist, bedeutet im Kern,

> »dass es eine begrenzte Menge von Materie gibt, einerseits von der Art, dass Gott durch seine Basishandlungen auf sie allein einwirken kann, andererseits von der Art, dass Gott von sonstigen Vorgängen im Universum nur durch deren Einwirken auf sie weiß«.

Gott ist ferner »ein allgegenwärtiger Geist« in dem Sinne,

> »dass er von allen Vorgängen im Universum weiß, ohne in seinem Wissen von irgend etwas abhängig zu sein … Der Theismus postuliert Gott als eine Person, ein Wesen mit Absichten, Annahmen und Fähigkeiten, … die so groß sind, wie es logisch überhaupt möglich ist.«[31]

An keiner Stelle prüft oder begründet Swinburne die Zulässigkeit einer Ausdehnung des Begriffs eines menschlichen Geistes auf Gott. Nach seiner Auffassung ist diese Übertragung ein Postulat, das sich dadurch bewährt, dass es Phänomene erklären kann, die ansonsten nicht erklärt werden können. Doch eine angemessene Erklärung muss Prämissen enthalten, die wahr oder zumindest sehr wahrscheinlich sind. Zudem sollten sie kohärent mit unserem wissenschaftlichen Weltbild in Zusammenhang gebracht werden können. Diese Bedingung zu überprüfen kommt Swinburne nicht in den Sinn. Bei Holm Tetens ist zumindest der Ansatz einer Begründung für die Übertragung des menschlichen Geist-Begriffs auf Gott (den er als unendliches Ich-Subjekt kennzeichnet) erkennbar:

> »Da wir endliche Ich-Subjekte sind, ist der Gedanke eines unendlichen Ich-Subjektes immerhin logisch-begrifflich widerspruchsfrei. Wir können uns deshalb begrifflich widerspruchsfrei als ein unendliches Ich-Subjekt denken, weil wir nicht notwendig endliche Ich-Subjekte sind. Wir sind es zuerst einmal nur faktisch. Wir sollten einräumen, dass wir implizit Gott als Möglichkeit denken, wenn wir uns selbst zu Recht als endliche Ich-Subjekte erkennen. Gott ist zumindest eine begriffliche Möglichkeit, die zu erwägen keineswegs an den Haaren herbeigezogen ist.«[32]

Kurz, aus der Tatsache, dass wir Menschen endliche Ich-Subjekte sind, soll zumindest folgen, dass Gott als unendliches Ich-Subjekt möglich (und damit widerspruchsfrei beschreibbar) ist. Aber nein! Das folgt keineswegs! Die Unbefangenheit und Selbstverständlichkeit, mit der selbst Theisten, die sich in der modernen Wissenschaftstheorie bestens auskennen, ihr anthropomorphistisches Manöver durchführen, ist mehr als verwunderlich. Der theistische Übertragungsmechanismus in Hinsicht auf den Begriff des Geistes wird in diesen Zitaten in all seiner Naivität manifest.

Nach (G) (1) und (G)* (1)[33] sind Gott und das göttliche Wesen mit maximal großer Realität ausgestattet. Gott sieht sich also als reiner, nicht-verleiblichter Geist nicht einer externen Realität gegenüber. Und selbst wenn er eine externe Realität geschaffen hat, mit der er dann konfrontiert ist und von der man nicht sagen kann, dass sie zu SEINER Realität gehört,[34] so ist ER doch in keiner Weise von ihr abhängig, sondern umgekehrt ist sie von IHM abhängig:

> »Seine Existenz hängt weder von einem anderen Seienden ab noch ist sie zufällig.«[35] … »Wenn Gott, wie wir ihn definiert haben, ist, dann existiert unsere Welt im Einklang mit zwei Bestimmungen: (1) Was immer der Fall ist, Gott erkennt es vernünftig denkend. (2) Nichts, was in der Welt ist, vermag Gottes Souveränität anzutasten.« [36]

Wie wir gesehen haben, ist der menschliche Geist jedoch in vielfältiger Weise mit körperlichen Ebenen verbunden. Insbesondere ist der menschliche Geist keine freistehende Substanz, sondern bestenfalls ein Ensemble von mentalen Eigenschaften oder vielleicht sogar nur eine angemessene Beschreibungsmöglichkeit feuernder Neuronen. Wir haben keinerlei Zugriff auf das Modell eines freistehenden immateriellen Geistes, wie ihn die Theisten konzipieren.

Diese Diagnose wird maßgeblich durch neurowissenschaftliche Daten gestützt, erhält aber zusätzlich dadurch Substanz, dass *die wesentlichen Merkmale des Mentalen nicht ohne Bezug auf eine für den Geist externe materielle Welt definiert werden können*. Funktionalität zum Beispiel ist an eine evolutionäre Entwicklungsgeschichte gebunden. Jede Art von Geist hat eine essentielle historische Dimension, die zugleich eine Optimierung enthält. Und Funktionalität involviert notwendig die Möglichkeit einer Dysfunktionalität. Beides ist mit der Perfektion Gottes unvereinbar. Wenn Gott mentale Zustände hat, so können sie keine Funktionen aufweisen.

Vor allem aber kann Gott keine repräsentationalen Gedanken haben. Die Inhalte seines Denkens können keine semantischen Gehalte aufweisen. Denn semantische Gehalte von Gedanken formieren sich einzig und allein im Verlauf einer historischen Interaktion geistiger Wesen mit externen Faktoren, die zugleich eine Lerngeschichte ist, die den evolutionären Mechanismen unterliegt.

Gott müsste daher, um über Repräsentationen zu verfügen, selbst eine lerngeschichtliche Entwicklung durchlaufen haben, die ihm jedoch von allen maßgebliche Theisten (Hegel vielleicht ausgenommen) vehement abgesprochen wird. Denn damit wäre der göttliche Geist von externen materiellen Faktoren abhängig und nicht perfekt. Gott kann über keine Repräsentationen verfügen, weil er nicht zu lernen braucht und weil er unendlich ist und demnach alles in sich oder doch nichts außer sich hat.

Außerdem müsste Gott, um über Repräsentationen zu verfügen, in seinem Denken fehleranfällig sein. Es ist, wie wir gesehen haben, ein absolut zentrales Merkmal von Gedanken, Korrektheitsbedingungen aufzuweisen. Wenn Gott nur wahre Gedanken hat, ist er kein geistiges Wesen im Sinne der modernen Theorie des Geistes. Wir Menschen haben Gedanken mit Korrektheitsbedingungen, weil wir fähig sein müssen zu lernen, denn unsere Umwelten ändern sich. Gott ist nicht in eine ihn umgebende Umwelt eingebettet, und daher muss er nicht lernen – hat dann aber auch keinen Anlass, Repräsentationen zu entwickeln.

Wenn Gott keine Repräsentationen entwickeln kann, dann auch kein Monitorbewusstsein. Denn das Monitorbewusstsein besteht in einer Menge von mentalen Repräsentationen, deren semantische Gehalte ebenfalls mentale Repräsentationen sind. Und wenn Gott kein Monitorbewusstsein hat, dann auch kein höheres Ich-Bewusstsein, das eine spezifische Variante des Monitorbewusstseins ist. Gott kann kein Ich-Subjekt sein.

Der menschliche Geist involviert auf elementarster Stufe Evaluationen – aber nicht einfach kontingenterweise, sondern weil er sich in einer zum Teil feindlichen Umwelt behaupten muss. Evaluationen und insbesondere Gefühle haben die Aufgabe, geistige Wesen durch Gefahren und Attraktivitäten der externen Realität zu navigieren. Ihre Funktion setzt voraus, dass es Situationen geben kann, die für die evaluierenden Wesen problematisch werden können. Gott kann diese Art von Evaluationen nicht praktizieren, weil er unendlich ist und demnach alles in sich oder doch nichts außer sich hat und weil keine Situation für ihn problematisch werden kann. Vor allem aber kann für Gott nichts gefährlich oder attraktiv, angenehm oder unangenehm sein. Andernfalls wäre er nicht von allem, das nicht zu ihm gehört, vollständig unabhängig.

Offensichtlich kann Gott keine Körpergefühle haben, da er keinen Körper hat. Er kann keinen Schmerz, keinen Hunger, keinen Durst empfinden. Aber Gott kann auch keine Emotionen haben. Denn Emotionen sind repräsentationale Evaluierungen, doch Gott kann, wie wir gesehen haben, weder etwas evaluieren noch etwas repräsentieren.

Wenn Gott keine Gefühle haben kann, dann auch keine Motivationssysteme und keine Motivationen. Denn Gefühle sind die Grundlage von Motivationen.[37] Nun sind aber Motivationen des menschlichen Geistes ihrerseits eine Bedingung für die Generierung von Willen, Wünschen und Absichten. Im Übrigen haben auch der Wille, die Absicht und der Wunsch einen semantischen Gehalt und weisen wenn nicht Korrektheitsbedingungen, so doch Erfüllungsbedingungen auf. Gott kann daher weder einen Willen noch Wünsche und Absichten haben. Tetens glaubt behaupten zu können, dass Gott nicht nur einen Willen hat (das setzt er ohne Begründung voraus), sondern dass Gottes Willen auch

> »durch nichts, was von Gott verschieden ist, begrenzt und beschränkt ist … Gott will nur das, was vernünftig, gut und schön ist, und er will nichts, was unvernünftig ist. Er will insbesondere nichts, was logisch oder begrifflich widersprüchlich ist. Das logisch und begrifflich Widersprüchliche denkt er noch nicht einmal.«[38]

Das ist nicht nur pure Spekulation, sondern auch eine Unmöglichkeit, eben weil Gott weder einen Willen haben noch zu etwas motiviert sein kann. Eine eher nebensächliche, aber gleichwohl interessante Frage an die Theisten wäre, ob sie glauben, dass ihr Gott in all seiner Vernunft den Satz vom ausgeschlossenen Dritten ablehnt und daher von einer nicht-klassischen Logik als Vernunftmaßstab ausgeht (was gewiss rational wäre). Oder führt er seine mathematischen Beweise etwa aus Bequemlichkeit auch auf indirekte Weise? Das sollte man von Gott doch wohl nicht annehmen. Im Übrigen hängt jede Version einer formalen Logik von einer Semantik ab, die ihrerseits mit der Möglichkeit wahrer und falscher Meinungen oder auch Sätzen korreliert ist. Für Gott sind aber falsche Meinungen oder falsche Sätze nicht möglich.

Genau genommen kann Gott überhaupt weder vernünftig noch unvernünftig sein. Er kann weder rational noch irrational sein, sondern muss arational sein. Denn rationale und logische Beziehungen von Gedanken beruhen wesentlich auf ihren semantischen Gehalten, also auf ihrer Repräsentationalität. Aber wie wir gesehen haben, kann Gott keine repräsentationalen Gedanken haben. Doch dann gibt es auch keine rationalen oder logischen Verknüpfungen zwischen den Inhalten des göttlichen Geistes. Und daher kann Gott weder logisch korrekt noch rational denken. Es wäre daher ein Kategorienfehler, Gott in Begriffen von Vernunft und Rationalität zu denken.

Und schließlich: Der menschliche Geist ist determiniert-frei, nicht absolut frei wie Gott. Gott kann jedoch den Theisten zufolge nicht determiniert, also auch nicht determiniert-frei sein, weil das seiner Allmacht und Unabhängigkeit von allen externen Faktoren widerspräche. Vielleicht könnte er sich eigene Regeln geben, an die er sich damit bindet. Aber diese Determination ist nicht jene Determination, die das Handeln und Denken der Menschen beherrscht. Gott kann andererseits aber auch nicht radikal unfrei sein, sonst stünde er unter den Menschen. Gott muss absolut frei sein. Doch wenn Gott absolut frei ist, so wäre all seine Aktivität komplett kontingent. Radikaler Zufall und vernunftgesteuertes Geschehen sind miteinander unvereinbar.

Wir können und wir dürfen daher nicht den Begriff des menschlichen Geistes hernehmen, ihn radikal optimieren und in dieser Form auf Gott übertragen. Sicherlich kann man sich gewisse menschliche Fertigkeiten wie etwa das Klavierspielen oder das Bauen von Brücken als optimiert imaginieren. Doch im Falle des Geistes führt eine radikale Optimierung, wie wir gesehen haben, zu einer Einbuße aller grundlegenden Merkmale des Mentalen. Wenn Gott ein radikal optimierter menschlicher Geist wäre, so könnte er weder Funktionalität noch Repräsentationalität, noch Bewusstsein, noch Emotionalität, noch Motivation, noch Freiheit aufweisen. Und dann wäre er kein Geist mehr.

Hegel hat eine These vertreten, die den religiösen Anthropomorphismus auf die Spitze treibt: Die »Religion« ist das »Wissen des göttlichen Geistes«, der nur durch die »Vermittlung des menschlichen Geistes von sich wissen kann«.[39] Nicht nur der Mensch, sondern auch Gott hat nach Hegel nur den menschlichen Geist als Modell, um den göttlichen Geist zu erkennen. Wenn es eine Position gibt, die im vorliegenden Essay zuvörderst zurückgewiesen wird, dann ist es der religiöse Anthropomorphismus Hegels.

Wir können die Probleme des Theismus noch aus einer anderen Perspektive beleuchten – nämlich dadurch, dass wir über die Möglichkeit des Denkens nachdenken. Ein guter Ausgangspunkt dafür ist das sogenannte McDowell-Problem – das Problem, das John McDowell in seinem Buch *Mind and World* aufwirft und zu lösen versucht.[40]

Nach McDowell ist es eine zentrale und wichtige philosophische Intuition, dass wir der Idee, dass unser Denken *beantwortbar ist durch die Welt* (und das heißt: dass es auf die Welt gerichtet ist, dass es einen semantischen Gehalt hat), nur dann Sinn abgewinnen können, wenn wir das Denken in einen normativen Kontext stellen. Das heißt: Wir müssen sagen können, dass das Denken, dass p der Fall ist, *korrekt oder inkorrekt* ist, je nachdem, ob p der Fall ist oder nicht. Wie wir gesehen haben, ist dies gerade eine zentrale These der modernen Theorie des Geistes. John McDowell denkt jedoch darüber nach, inwiefern diese These überhaupt möglich ist.

Auch wenn nicht alles Denken empirisches Denken ist, so ist doch für McDowell der Fall der Gerichtetheit des Denkens auf die empirische Welt, also die Welt der durch sinnliche Vermögen zugänglichen Dinge, der grundlegende Fall. In der Tat ist unser Denken, wie wir gesehen haben, auf der grundlegendsten Ebene im Rahmen des WBR-Kreislaufes auf die Welt gerichtet. Und in diesem Rahmen lässt sich die normative Idee, dass unser Denken beantwortbar sein muss durch die empirische Welt, nur so ausbuchstabieren, dass unser empirisches Denken durch die Erfahrung beantwortbar sein muss – dass es also, wie McDowell formuliert, vor dem Tribunal der Erfahrung stehen können muss. Die Möglichkeit des Tribunals der Erfahrung ist konstitutiver Bestandteil unserer Idee, dass die Gerichtetheit des empirischen Denkens auf die empirische Welt eine normative Dimension der Korrektheit und Inkorrektheit hat. Das ist eine alternative Formulierung der These, dass der Geist wesentlich ein Organ des Lernens ist.

Wir können, wie McDowell betont, die Auffassung, dass die Erfahrung ein Tribunal für unser empirisches Denken ist, *minimalen Empirismus* nennen. Dann ist der minimale Empirismus konstitutiver Bestandteil unserer Idee, dass die Gerichtetheit unseres empirischen Denkens auf die empirische Welt eine normative Dimension der Korrektheit und Inkorrektheit hat. Der minimale Empirismus ist eine Bedingung dafür, dass wir verstehen können, wie unser empirisches Denken, und damit unser Denken insgesamt,[41] überhaupt auf die Welt ausgerichtet sein kann, das heißt Intentionalität (»Gerichtetheit«) aufweisen kann.

Und diese Überlegungen beziehen sich *nicht* auf die Frage der Verifikation unseres Denkens, sondern auf unsere Idee von semantisch gehaltvollem Denken überhaupt, also auf unsere Idee, dass unser Denken überhaupt in Kontakt mit der Welt ist. Wir können der Idee unseres empirischen Denkens keinen Sinn abgewinnen, ohne einen minimalen Empirismus zu akzeptieren.

McDowell weist zu Recht darauf hin, dass es eine einflussreiche philosophische Position gibt (entwickelt vor allem von Wilfried Sellars und Donald Davidson), die einen minimalen Empirismus als philosophisch problematisch erscheinen lässt. Diese Position unterscheidet in überzeugender Weise zwischen dem Reich der Natur und dem logischen Raum der Gründe. Das Reich der Natur wird gefasst als Reich der Dinge oder Ereignisse, die naturgesetzlich organisiert sind. Der logische Raum der Gründe ist der virtuelle Raum, dessen Elemente – Sätze, Meinungen, Urteile – rational und normativ organisiert sind. Über Elemente des logischen Raums der Gründe lässt sich sagen, was sich über Elemente im Reich der Natur in der Sprache der Physik *nicht* sagen lässt – dass ein Element (Satz, Urteil) ein anderes nach sich ziehen *sollte*, dass ein Element ein anderes *begründet* oder *logisch impliziert*.

Aus der Perspektive dieser überaus plausiblen Unterscheidung zwischen dem Reich der Natur und dem logischen Reich der Gründe wird nun der minimale Empirismus zu einem Problem. Denn Erfahrung, wie sie gewöhnlich konzipiert wird, nämlich als Empfang eines Eindrucks oder eines Stimulus aus der externen Welt, muss als Vorgang im Reich der Natur gelten, beschreibbar in der Sprache der Physik. Aber die Eigenschaft, ein Tribunal für unser Denken zu sein, kann nur Elementen im logischen Raum der Gründe zukommen – denn vor diesem Tribunal wird über die Korrektheit, also über Begründungen und Implikationen unseres Denkens, entschieden. Von hier aus scheint die Idee eines minimalen Empirismus inkonsistent zu sein. Aber damit droht die Idee der

Beantwortbarkeit unseres Denkens durch die Welt und damit die Idee von Denken überhaupt, die doch durch das Konzept des logischen Raums der Gründe in so plausibler Weise erläutert wurde, selbst inkonsistent zu werden. Wir scheinen nicht mehr verstehen zu können, wie unser Denken überhaupt noch mit der Welt in Kontakt sein kann.

Dieses Problem reicht tiefer als die übliche erkenntnistheoretische Frage, wie Erkenntnis und Wissen möglich sind, und auch tiefer als die kantische Frage, wie Wissenschaft und objektive Erkenntnis möglich sind. Denn Erkenntnis und Wissenschaft sind Mengen repräsentationaler Thesen, die wahr sein mögen, die jedoch die Möglichkeit einer repräsentationalen Ausrichtung auf die Welt bereits voraussetzen. Daher haben wir hier mit Sicherheit ein überaus grundlegendes Problem berührt. McDowell zufolge ist dieses Problem – also letztlich die Spannung zwischen der Plausibilität und der Unplausibilität eines minimalen Empirismus – das grundlegendste Problem der gegenwärtigen Philosophie, das viele Irritationen nach sich zieht und für viele kontroverse Debatten verantwortlich ist.

Dieses Problem ließe sich lösen, wenn Wahrnehmungen zugleich als etwas von der Natur Gegebenes dem Reich der Natur und als Episoden, von denen Hypothesen und sonstige Annahmen gerechtfertigt werden können, dem logischen Raum der Gründe angehören würden, wie der logische Empirismus behauptet hat. Doch diese Behauptung muss als *Mythos des Gegebenen* zurückgewiesen werden.[42]

McDowells eigener Lösungsvorschlag geht von der Beobachtung aus, dass Davidson, wenn er vom Inhalt (im Gegensatz zum Begriffsschema) spricht, und Kant, wenn er von Anschauungen (im Gegensatz zu Begriffen) spricht, nicht repräsentationale (d.h. semantisch gehaltvolle) Entitäten im Blick haben, sondern unstrukturierten empirischen Input.[43] Dieser Input kann tatsächlich nur im Reich der Natur angesiedelt werden und daher kein Tribunal sein. Doch in das menschliche visuelle System sind, wie McDowell geltend macht, immer schon Begriffe eingebaut. Wahrnehmungen sind bei Menschen oft zugleich rezeptiv im kantischen Sinne und begrifflich strukturiert, zum Beispiel wenn wir sehen, dass dieser Tisch rund ist (Hunde können zum Beispiel diesen runden Tisch sehen (d.h. ein Objekt, das sprachmächtige Wesen als runden Tisch bezeichnen würden), aber Hunde können nicht sehen, dass dieser Tisch rund ist).

Dieses begriffliche Sehen ist rezeptiv, insofern es unmittelbar und transparent auf die Dinge zugreift; es ist ferner artikulierbar in Beobachtungssätzen, und die involvierte Begrifflichkeit ist unabhängig von ihrer Verbindung mit der Wahrnehmung eine Struktur, die im logischen Raum der Gründe verortet ist. Daraus folgt: Das begriffliche Wahrnehmen ist eine Rechtfertigungsbasis, gehört zum Raum der Gründe, ist rezeptiv und wird durch Erwerb sprachlicher Fähigkeiten zu einer zweiten Natur. Insofern reicht der logische Raum der Gründe nicht weiter als der Raum des Begrifflichen, so dass der logische Raum der Gründe und das Reich der Natur einander näher gerückt und miteinander vermittelt sind. Daher bringt das Postulat der zweiten Natur das McDowell-Problem zum Verschwinden.

Diese Problemlösung geht zwar in die richtige Richtung, ist aber zu einfach und zum Teil problematisch. Es ist richtig, dass die Problemlösung darin bestehen muss, das Reich der Natur und den logischen Raum der Gründe einander näher zu bringen, doch darf die Kluft nicht überspielt werden. McDowell greift letztlich auf die alte Idee einer begrifflich und theoretisch geladenen rezeptiven Wahrnehmung zurück.

Doch betrachtet McDowell die Wahrnehmung und Generierung von Wahrnehmungsepisoden aus empirischen Inputs vorschnell als reinen Naturvorgang und schlägt diese Vorgänge dem Reich der Natur zu. Die psychologische Wahrnehmungstheorie zeigt jedoch, dass unser Wahrnehmungsapparat milliardenfach evolutionär getestet wurde und sich in der gegenwärtigen Form bestens bewährt hat. Insofern können Wahrnehmungen in einem erweiterten Sinne als gerechtfertigt angesehen werden. Der Mythos des Gegebenen beruht daher auf einem zu einfachen Bild von Wahrnehmungen. Wenn wir bedenken, dass die Teleosemantik[44] zeigt, inwiefern auch nicht-sprachliche Wahrnehmungen über semantische Gehalte verfügen und die Generierung nicht-sprachlicher semantisch gehaltvoller Wahrnehmungen als grundlegender mentaler Mechanismus durch evolutionäre Mechanismen milliardenfach getestet worden ist, zeichnet sich eine bessere Lösung ab.

Der erste Schritt dieser Lösung ist eine Unterscheidung zwischen einem engen und einem erweiterten Rechtfertigungsbegriff: *X rechtfertigt Y im engen Sinne*, falls X und Y propositional (= sprachlich) gehaltvolle Gedanken oder Sätze sind und X ein guter Grund (eine hinreichende Prämisse) für Y ist. Doch *X rechtfertigt Y im erweiterten Sinne*, falls X eine Testprozedur für die Korrektheit von Y ist und positiv ausfällt. Nicht-sprachliche Wahrnehmungen und Gefühle sind daher als Hypothesen über die Welt im erweiterten Sinne gerechtfertigt, wenn sie in den typischen ökologischen Nischen ihrer Träger vorteilhaft sind. Daher können auch nicht-sprachliche (und also nicht-begriffliche) Repräsentationen prinzipiell in Rechtfertigungsbeziehungen zu anderen Elementen im Raum der Gründe stehen. Dann sind X und Y Bestandteile des *logischen Raums der Gründe im engen Sinne*, falls gilt: X rechtfertigt Y im engen Sinne. Dagegen sind X und Y Bestandteile des *logischen Raums der Gründe im erweiterten Sinne*, falls gilt: X rechtfertigt Y im erweiterten Sinne.

Daraus folgt: Der logische Raum der Gründe im engen Sinne ist identisch mit dem Raum der Begriffe. Der logische Raum der Gründe im erweiterten Sinne ist dagegen größer als der Raum der Begriffe. Die große kognitive Leistung der Wahrnehmungsapparate von Tieren und Menschen ist, dass diese Apparate die *Transformation von empirischen Inputs in die grundlegendsten Elemente des Raums der Gründe* zustande bringen.[45]

Das McDowell-Problem wird aus dieser Sicht dadurch erzeugt, dass am Status der Wahrnehmungen als lediglich physiologischer Phänomene, an den engen Begriffen der Rechtfertigung und des Raums der Gründe sowie am Mythos des Gegebenen festgehalten wird. Dadurch bleibt es bei einer letztlich unüberwindbaren Kluft zwischen dem Reich der Natur und dem Raum der Gründe. Geht man jedoch davon aus, dass Wahrnehmungen mentale Phänomene mit Korrektheitsbedingungen sind, die sich sehr gut bewährt haben, greift man ferner auf die weiten Begriffe der Rechtfertigung und des Raums der Gründe zurück, dann können das Reich der Natur und der Raum der Gründe so weit zusammengeführt werden, dass McDowells Problem verschwindet.

Für unsere Zwecke können wir der Diskussion des McDowell-Problems die Diagnose entnehmen, dass wir die Möglichkeit des

Denkens nur dann verstehen können, wenn wir die intentionale Ausrichtung des Denkens auf die Welt so beschreiben können, dass die normative Dimension des Denkens mit einem minimalen Empirismus konsistent zusammengeführt werden kann. Wie soeben skizziert, ist das durchaus möglich. In diese Lösung geht aber die Voraussetzung ein, dass wir die Möglichkeit des Denkens nur dann widerspruchsfrei darstellen können, wenn wir sowohl die normative Dimension des Denkens (also die Korrektheitsbedingungen des Denkens) als auch den minimalen Empirismus anerkennen.

Wenn die Theisten jedoch über das Denken Gottes sprechen, dann lassen sie genau diese Voraussetzungen fallen – verständlicherweise, weil diese Voraussetzungen einem maximal großen Wesen tatsächlich nicht angemessen sind. Doch dann können die Theisten dem übermächtigen Gott kein Denken zuschreiben. Denn sie schreiben ihm ein Denken derart zu, dass dieses sogenannte Denken keine der wesentlichen Bedingungen für Denken erfüllt. *Das sogenannte göttliche Denken und der sogenannte göttliche Geist sind semantisch leere Namen.* Und daher können wir sie nicht denken.

Die Theisten greifen angesichts dieser verheerenden Diagnose oft auf ein letztes verzweifeltes Manöver zurück. Sie behaupten, dass Gott mit seinem Denken allererst die gegenständliche Welt erschafft, die dann Gegenstand seines semantisch gehaltvollen Denkens werden kann: »Ein Sachverhalt p ist genau dann der Fall, wenn Gott mit vernünftigen Gründen denkt (denkend erkennt), dass p der Fall ist.«[46] Hier scheint es auf den ersten Blick so, als bestünde Gottes Denken aus repräsentationalen Gedanken mit semantischem Gehalt. Aber nicht nur müssen hier die Korrektheitsbedingungen ausgeschlossen werden, sondern dieses idealistische Manöver ist auch offensichtlich zirkulär. Denn um sich den Gegenstand seines Denkens zu erschaffen, muss Gott diesem Argument zufolge bereits ein Denker und ein Geist sein. Er muss demnach unabhängig von der Erschaffung einer materiellen Welt über Repräsentationen verfügen, aber das ist, wie wir gesehen haben, per Gottesdefinition ausgeschlossen. Es bleibt also bei dem Resultat, dass Gott nicht(s) denken kann und dass wir Gott als Geist und Denker nicht denken können, weil das sogenannte Denken Gottes und der sogenannte reine Geist, der Gott *ist*, kein Denken und kein Geist sind, sondern lediglich semantisch inhaltsleere Zeichen. Und so etwas kann man schlicht und einfach nicht denken – selbst Theisten nicht, wenn sie genügend hart darüber nachdenken.

Schlussbemerkung: Religiosität ohne Gott

Haben wir es uns insgesamt nicht zu leicht gemacht? Ist es nicht zu einfach, moderne wissenschaftliche Begrifflichkeit herzunehmen und nachzuweisen, dass diese Begrifflichkeit nicht auf Gott oder das Göttliche passt? Müssen wir der religiösen Sprache nicht ein Reden in Analogien oder Metaphern zubilligen, um das Undenkbare dennoch einzukreisen?[1] Das hängt wiederum davon ab, welche Theorie von Analogien und Metaphern wir zugrunde legen. Am Beispiel von Metaphern können wir sehen, wo das Problem mit Aussagen über Gott liegt.[2] Der Satz SM »Der englische Staatsmann Winston Churchill (= A) war eine Bulldogge (= B)« könnte eine aufschlussreiche Metapher sein. Natürlich war Churchill kein Hund, sondern ein Mensch. Insofern ist SM ein falscher Satz. Bulldoggen haben jedoch ein großes Durchsetzungsvermögen. SM impliziert daher die Hypothese, dass auch Churchill ein großes Durchsetzungsvermögen hatte, und fordert uns auf, diese Hypothese zu prüfen. Und wenn wir sie für wahr befinden, so haben wir mit Hilfe der Metapher etwas über Churchill gelernt. Das liegt daran, dass die in der Metapher genannten Prädikate B Eigenschaften aufweisen, die auch auf den Subjektausdruck A zutreffen – dass also A und B einige Eigenschaften oder zumindest eine Eigenschaft teilen. Ein wenig genauer könnten die zentralen Behauptungen einer Metapherntheorie so formuliert werden:

M 1 A ist B.[3]

M 2 Der Satz »A ist B« ist falsch.[4]

M 3 Es gibt Eigenschaften von B-Dingen, derart dass für einige dieser Eigenschaften – nennen wir sie C_i – die Behauptung, A sei C_i, wahrheitswertdefinit (d. h. wahr oder falsch) ist.

M 4 Für einige der C_i, für die die Sätze »A ist C_i« wahrheitswertdefinit sind, gilt, dass sie wahr sind, und für einige dieser wahren Sätze gilt, dass sie bisher noch nicht bekannt waren.

M 5 Unternehme den Versuch, die wahren Sätze, deren Existenz in M 4 behauptet wird, mit Hilfe Deines Wissens über B's (und somit mit Hilfe des falschen Satzes M 1) aufzufinden und auf Wahrheit und Innovativität zu prüfen, und Du wirst solche wahren Sätze finden!

Wenn wir also zum Beispiel behaupten, Gott sei ein Geist, dann könnte man zugeben, dass dieser Satz wörtlich genommen falsch ist (vgl. M 1, M 2), dass aber der Geist, wie wir ihn kennen (also der menschliche Geist) gewisse Eigenschaften E hat, die auch auf Gott zutreffen, und dass die Behauptung, Gott habe die Eigenschaft E, zumindest wahr sein könnte (vgl. M 3 – M 5). Doch genau das muss, wenn die vorangehenden Überlegungen in die richtige Richtung gehen, ausgeschlossen werden. Denn es wurde gezeigt, dass die Anwendung des wissenschaftlich definierten Begriffs des Geistes gerade das Zutreffen der zentralen Merkmale dieses Begriffs auf Gott unmöglich macht, weil die erforderliche Optimierung des Geistes inkonsistent mit den definierenden Merkmalen des Geistes sind. Behauptung M 3 der Metapherntheorie ist für den Fall Gott eindeutig falsch. Und damit werden auch die Behauptungen M 4 und M 5 für diesen Fall obsolet. Die Aussage »Gott ist ein nichtverleiblichter Geist« ist zum Beispiel nicht einmal eine zulässige Metapher.[5]

Es bleibt also dabei: Wir können weder das Göttliche denken noch Gott als unendlichen Geist oder Denker denken. Dann aber können wir erst recht nichts über das Göttliche und Gott als unendlichen Geist wissen.

Damit ist allerdings nicht ausgeschlossen, Gott als eine physikalische Größe zu denken, wie zum Beispiel radikale frühmoderne Deisten wie Thomas Hobbes vorgeschlagen haben. Diese Idee enthielt mehrere Thesen:

(1) Unser Universum hat einen zeitlichen Anfang.
(2) Gott ist ewig.
(3) Gott ist die erste Ursache des Universums.
(4) Wegen (2) und (3) steht Gott außerhalb des Universums und geht dem Universum zeitlich voraus.

Dies sind dem frühmodernen Deismus zufolge die einzigen Fakten, die wir über Gott wissen können. Alle weiteren Beschreibungen der Merkmale von Gott sind dagegen nicht buchstäblich zu verstehen, sondern als menschliche Projektionen zu betrachten.[6]

Nach dem gegenwärtigen Standard-Modell der Physik zur Entstehung des uns bekannten Universums stand am Anfang der Entwicklung unseres Universums tatsächlich eine sogenannte Singularität mit extrem hoher physikalischer Energie, deren Urknall ein enges Fenster der Inhomogenität der Energieverteilung traf, die dann die Entstehung des Universums ermöglichte. Damit wären die deistischen Thesen (1) und (3) in einer modernen physikalischen Interpretation akzeptabel. Die deistischen Thesen (2) und (4) sind jedoch definitiv keine Komponenten des modernen physikalischen Gottesbegriffs. Denn der Urknall-Theorie zufolge entsteht die Raumzeit erst mit dem Urknall, so dass die Frage, was vor dem Urknall und dem Auftreten der Singularität war, ihrer Bedeutung nach sinnlos ist. Genauer betrachtet sind auch die Thesen (1) und (3) problematisch, weil bisher umstritten ist, ob die Urknall-Singularität wirklich als eine Ursache für die Entstehung des Universums bezeichnet werden kann. Denn die Beziehung zwischen Ursache und Wirkung setzt das Vorkommen von Naturgesetzen voraus, doch nach der Standard-Theorie zum Urknall entstanden auch die Naturgesetze erst im Kontext des Urknalls. Aus der Perspektive der modernen Physik kann demnach keine der deistischen Thesen (1) – (4) als gesichertes Wissen bezeichnet werden. Wir müssen eine moderne Form des radikalen religiösen Agnostizismus unterschreiben, wie er historisch zum Beispiel von Immanuel Kant vertreten wurde. Kurz, wir müssen ohne Gott auskommen.[7]

Im Namen des Göttlichen und im Namen polytheistischer Religionen wurden so gut wie nie Gewalttaten begangen oder gar Kriege geführt. Mit dem Siegeszug des abrahamitischen Monotheismus nahmen physische Übergriffe, Terror und Kriege sprunghaft zu. Bedenkt man, wie viel Leid damit seit mehr als drei Jahrtausenden angerichtet worden ist und dass all dies im Namen eines sogenannten Gottes geschehen ist, den wir – genauer betrachtet – weder erkennen noch überhaupt widerspruchsfrei denken können, so müssen diese religionsbedingten Gewaltakte als einer der größten und irrationalsten Skandale der Menschheitsgeschichte angesehen werden. Und die zentrale politische Forderung, die aus dem religiösen Agnostizismus folgt, ist eine vollständige Säkularisierung aller Staaten, die zwar religiöse Haltungen, Praktiken und Institutionen toleriert, sofern sie verfassungskonform sind, jedoch Menschen allein deshalb, weil sie Repräsentanten religiöser Gruppen oder religiöser Institutionen sind, weder besondere finanzielle Unterstützung noch politischen Einfluss über die gewöhnlichen Bürgerrechte hinaus einräumt.

Läuft der religiöse Agnostizismus auf eine Ablehnung von Religiosität hinaus? Eher ist das Gegenteil der Fall. Religiöser Agnostizismus und wissenschaftliches Denken lehren uns intellektuelle Bescheidenheit. Je mehr wir lernen und wissen, desto mehr erkennen wir, was wir nicht wissen, und, mehr noch, dass wir vieles niemals werden wissen können. Wir werden die letzten Geheimnisse des Universums nie endgültig entschlüsseln können, und auf welche Weise in einem blinden Universum, beherrscht lediglich von Naturgesetzen, Wesen haben entstehen können, die sich ein moralisches Gesetz geben, ist nahezu unbegreiflich. Diese Haltung kann religiös genannt werden. Die Formel »Der gestirnte Himmel über mir und das moralische Gesetz in mir«, geprägt von Immanuel Kant, ist ein pointierter Ausdruck dieser Religiosität – einer *Religiosität ohne Gott, ohne religiöse Führer und ohne Repräsentanten mit einem Deutungsmonopol,* wie sie, wie oben angedeutet, zum Beispiel auch im Neuplatonismus und Hinduismus vorliegt.[8]

Religiosität ohne Gott beruht, wie kürzlich auch Richard Dworkin betont hat,[9] nicht auf einem Wissen von Fakten, sondern auf einer emotionalen und evaluativen Einstellung: auf Demut und Besinnlichkeit, Staunen und Ehrfurcht vor etwas Überwältigendem, Größerem als das Selbst, das nicht in vorhandene Denkstrukturen passt – ein *Bezug auf eine Transzendenz* im eigentlichen Sinn des Wortes, auf etwas, das wir als endliche Wesen zwar nicht beschreiben können und das daher unsere Erkenntnisgrenzen »überschreitet« (»transzendiert«), auf das wir uns aber gleichwohl als Pendant des Unerklärlichen und Unzugänglichen ausrichten können. Mit dieser Form der Religiosität ist, wie die neuere psychologische Forschung gezeigt hat, oft auch ein *Gefühl der Erhabenheit*, eine *Sehnsucht nach Reinheit* und die *Bindung an etwas Großes jenseits kleinlicher egoistischer Ziele* verbunden.[10]

Gleichwohl könnte gerade der religiöse Agnostizismus ernste Vorbehalte gegenüber jedem Bezug auf das sogenannte Transzendente entwickeln, gerade wenn man dessen Unerkennbarkeit zugibt. Doch gibt es vielleicht eine Möglichkeit, diesen rätselhaften Bezug ein wenig anschaulicher zu machen. Dazu können wir auf das Schema zurückgreifen, das die kognitiv-psychologische Theorie von der Generierung von Wahrnehmungen zeichnet:

(1) Wahrnehmungen sind Pushmi-Pullyu-Repräsentationen und in einen Wahrnehmungs–Bewegungs–Kreislauf eingebunden. Sie werden in Form von schnellen Algorithmen erzeugt und verarbeitet.
(2) Die Daten, die prozessiert werden, sind nicht etwas direkt Gegebenes im Sinne unverfälschter Stimuli; vielmehr handelt es sich um Formen kausaler Interaktionen zwischen externen Objekten und wahrnehmenden Systemen, die selbst objektiven Status haben, obgleich sie trivialerweise unabhängig von wahrnehmenden Systemen nicht in der Welt wären.
(3) Die externe Welt besteht aus strukturierten Elementen (Zuständen, Ereignissen und Objekten) mit spezifischen Merkmalen.
(4) Aufgrund ihrer spezifischen Merkmale senden diese Elemente bestimmte distale Stimuli aus, etwa Photonen oder Schallwellen, deren spezifische Merkmale (etwa Wellen-Frequenzen) gewisse Merkmale ihrer Quelle abbilden.
(5) Die Wahrnehmungssysteme von Tieren und Menschen haben Rezeptorzellen entwickelt, die auf spezifische Merkmale der distalen Stimuli und deren Kombinationen spezialisiert sind. Diese Zellen wandeln die distalen Stimuli in bioelektrische Energie (also in proximale Stimuli) um.
(6) Die bioelektrische Energie der proximalen Stimuli bildet die Merkmale der distalen Stimuli in Gestalt von Aktivitätspotentialen von Neuronen im Gehirn ab.
(7) Dabei werden die proximalen Stimuli nicht nur einer Merkmalsanalyse durch Mustererkennung unterzogen, sondern auch nach bestimmten Gruppierungsregeln und anderen Prinzipien zu perzeptiven Objekten zusammengesetzt Die Merkmale der proximalen Stimuli werden in perzeptive Repräsentationen

verwandelt, die den semantischen Gehalt der entsprechenden Wahrnehmungen spezifizieren.

(8) Perzeptive Repräsentationen können fehlschlagen, d. h. Sinnestäuschungen sein. Die Sinnestäuschungen werden von denselben Wahrnehmungsmechanismen erzeugt wie die zuverlässigen Wahrnehmungen.

(9) Nicht-sprachliche Wahrnehmungen unterliegen demnach Korrektheitsbedingungen und haben semantische Gehalte, sind also mentale Zustände.

Dieses Schema enthält zwei tiefe wissenschaftliche Rätsel, die eher in der Philosophie als in der Psychologie artikuliert werden. Zum einen geht es um den Übergang von den Stadien (1)–(7) zu (8)–(10). In (1)–(7) werden rein natürliche Vorgänge, also Prozesse im Reich der Natur, aufgelistet. In (8)–(10) wird jedoch die Wahrnehmung als mentale Aktivität beschrieben. Es handelt sich um einen elementaren Übergang von der Natur zum Geist, der durch die Aktivität der Gehirne von Menschen und vielen Tieren nahezu pausenlos vollzogen wird und dennoch wissenschaftlich noch nicht verstanden worden ist. Das zweite Rätsel steckt in den Annahmen (1)–(3) und ist für unsere Zwecke entscheidend. Nach (1) und (2) müssen wir von einer Interaktion zwischen der externen Welt und den Wahrnehmungsapparaten ausgehen, wenn wir über Wahrnehmungen reden. Nicht nur die Wahrnehmungen selbst sind uns nicht direkt gegeben, sondern nicht einmal die einlaufenden distalen Stimuli sind uns direkt gegeben. Wenn wir diese distalen Stimuli zum Beispiel als Schallwellen oder Photonen beschreiben, so benutzen wir bereits unsere physikalischen Theorien, um sie zu begreifen. In diesem Sinne sind selbst diese Stimuli »subjektiv«, das heißt wären ohne uns nicht da (vgl. (2)). Damit wir nicht in eine idealistische Position abgleiten, müssen wir eine externe Welt voraussetzen, wie in (3) artikuliert wird. *Doch diese Welt liegt jenseits aller unserer Zugänge zur Welt, gleichsam hinter dem undurchsichtigen Schleier all unserer Theorien, Sprachen und Wahrnehmungen.* Sie muss irgendwie strukturiert sein, doch mehr als ihre blanke Existenz und generelle Strukturiertheit können wir prinzipiell nicht von ihr wissen. Und selbst dieses dürftige Wissen in Gestalt der Annahme (3) kann allenfalls durch das Prinzip der besten Erklärung begründet werden. Ohne Annahme (3) wäre zum Beispiel unerklärlich, warum wir und andere Tiere zumindest für eine gewisse Zeit einigermaßen erfolgreich und adaptiv durch das Leben navigieren können. Mit Annahme (3) *geraten wir an die Grenzen unseres Denkens*, an denen wir eine transzendente Welt in Augenschein nehmen müssen, die uns gleichwohl für immer verschlossen bleiben muss. Und dasselbe gilt auch für Spekulationen darüber, woher diese transzendente Welt kommen mag.

Kenner der Philosophiegeschichte werden sich zweifellos an die Idee von den »Dingen an sich« erinnern (also von den Dingen, wie sie unabhängig von uns an sich selbst sind), die Immanuel Kant in seiner *Kritik der reinen Vernunft* ins Spiel gebracht hat. Diese Idee ist massiv kritisiert worden – zu Unrecht. Kant hatte die richtige Intuition. Als beste Erklärung für eine Reihe wichtiger beobachtbarer Phänomene ist Annahme (3) höchst plausibel, und doch stellt sie eine Blaupause für den rätselhaften Prozess dar, in dem wir der Transzendenz an den Grenzen unseres Denkens »ansichtig« werden und zugleich ihre prinzipielle Unerkennbarkeit begreifen. Einer der einflussreichsten Philosophen der Gegenwart, Frank Jackson, hat dieser Idee den Namen *kantianischer Physikalismus* gegeben und sie so beschrieben:

> »I think we should acknowledge as an interesting position one we might call Kantian physicalism. It holds that al large part (possibly all) of the intrinsic nature of our world is irretrievably beyond our reach, but that all the nature we know about supervenes[11] on the (mostly or entirely) causal cum relational nature that the physical sciences tell us about.«[12]

Wenn wir die religiöse Sprache als eine Art von dichterischem Bemühen auffassen, das ausdrücklich einräumt, dass wir von der Transzendenz prinzipiell nichts wissen können, das uns aber mit unvollkommenen Bildern auf die Transzendenz auszurichten sucht, dann können wir die religiöse Sprache als Ausdruck einer Religiosität ohne Gott akzeptieren.

Diese Religiosität ohne Gott kann die wissenschaftliche Prüfung religiöser Tatsachenaussagen problemlos zulassen, weil es die objektiven Werturteile sind, die den Kern der Religion und Religiosität ausmachen und sich auch für Dworkin auf die Bewunderung der Ordnung des Universums und sowie seines inhärenten Werts beziehen. Dieser Wert scheint nach Dworkin im Kern darin zu bestehen, dass es alles in allem besser ist, dass das Universum existiert, als dass es nicht existiert.

Diese Form einer »gottlosen« Religiosität kann allerdings die grundlegende existenzielle Frage, die viele Menschen und namentlich auch Kant und Holm Tetens durch den Theismus angesprochen und beantwortet sehen, nicht auffangen, nämlich die Frage, wie man angesichts des Leidens in der Welt leben soll, ohne zu verzweifeln oder zynisch zu werden.[13] Zweifellos ist dieses *Motiv,* den Theismus zu vertreten und argumentativ zu begründen, menschlich mehr als nachvollziehbar. Aber ein solches Motiv in die *Begründung* des Theismus eingehen zu lassen, ist ebenfalls schwer erträglich. Denn dieses Manöver ist schlicht und einfach archaisches Wunschdenken: Wir treten für den Theismus vor allem deshalb ein, weil wir an der Welt verzweifeln würden, wäre er nicht wahr. Wunschdenken ist eine gefährliche Blaupause für die Begründung beliebiger Meinungen und daher inakzeptabel. Auch Gerhardt scheint eine Version des religiösen Wunschdenkens zu vertreten, wenn er Gott als das bestimmt, »worauf hin der Mensch die Hoffnung haben kann, im Ganzen seines Daseins ernst genommen zu werden«.[14] Welcher Mensch hat nicht die Hoffnung und den inbrünstigen Wunsch, im Ganzen seines Daseins ernst genommen zu werden? Diese Hoffnung und dieser Wunsch sind mehr als verständlich. Doch wenn das religiöse Wunschdenken auch in die *Begründung* des religiösen Glaubens und religionstheoretischer Positionen eingeht, so werden Gott, Religion und Religiosität zu Mechanismen des seelischen Wohlbefindens degradiert und auf ihre therapeutische Funktion reduziert.[15]

Die Religiosität ohne Gott kann auf archaisches Wunschdenken und anthropomorphistische Projektionen verzichten, ist über Ambitionen auf politischen Einfluss und dogmatische Menschenführung erhaben und kann uns gerade deswegen erfüllen und voranbringen. Um mit Dworkin zu sprechen: »Religion ist etwas Tieferes als Gott.«[16]

Anmerkungen

Einleitung

1 Ich danke Christian Kietzmann und Manfred Stöckler für hilfreiche Kommentare zu einer früheren Version der folgenden Überlegungen. Über den *Spirit* der rationalen Theologie und die fundamentale Problematik des abrahamitischen Monotheismus habe ich viel aus Jan Assmanns orientalistischen Studien (vgl. z. B. Assmann 2015, 2016), vor allem aber auch aus Wilfried Schröders gelehrter und engagierter Studie über das historische Verhältnis von Athen und Jerusalem gelernt (vgl. Schröder 2011). Ganz besonders danken möchte ich Marcel Simon-Gadhof für sein Engagement, seine Unterstützung und sein hilfreiches, kluges Lektorat.

2 Tetens 2015, 9.

3 Pannenberg 1983, 1987, 2006.

4 Vgl. z. B. Buckareff, Nagasawa (Hrsg.) 2016. Diller, Kasher, 2013. Siehe ferner das neu eingerichtete Zentrum für interdisziplinäre Religionsforschung an der Universität Marburg.

5 Diller 2016.

6 Vgl. Assmann 2003, 2015, 2016 (ferner z. B. Schnädelbach 2000).

7 Vgl. z. B. die »Bibel« des logischen Empirismus: Ayer 1946, 35–37, 114–118.

8 Vgl. Thrasymachos, Frg. B 8 Diels/Kranz, und zu Epikur: Lactanz *De ira dei*, c 13, 20 f. Der Hinweis auf (sinnlose) Übel in der Welt wird heute auch als eine Prämisse des *Skeptischen Theismus* (*skeptical theism*) verwendet, der zeigen möchte, dass Gott nicht existiert, weil er sinnlose Übel nicht zulassen könnte (vgl. Dougherty 2016). In dieser Form ist der skeptische Theismus eine Spielart des Atheismus.

9 Vgl. Hume 2016.

10 Siehe von Kutschera 1990, 43.

11 Wainwright 2017, Einleitung.

12 Die Kennzeichnung von Gott als unendliches Ich-Subjekt, auf die Tetens jüngst zurückgegriffen hat, artikuliert zwei dieser grundlegendsten Merkmale Gottes, vgl. Tetens 2015.

13 Vgl. dazu die Rezension von Christian Kietzmann zu Tetens 2015 in: Zeitschrift für philosophische Forschung 71, 2017, 162–165. Ich danke Jana Hildebrandt dafür, mich auf diese überaus hilfreiche Rezension aufmerk-

sam gemacht zu haben. Der vorliegende Essay besteht im Wesentlichen darin, Kietzmanns zweiten Einwand gegen den von Tetens vertretenen Theismus auszubuchstabieren.

14 Siehe http://www.spiegel.de/wissenschaft/mensch/glaeubige-oder-atheisten-wer-den-tod-am-meisten-fuerchtet-a-1140864.html.

15 http://www.focus.de/wissen/mensch/psychologie/tief-verankerte-vorurteile-selbst-atheisten-glauben-dass-atheisten-eher-morden-wuerden-als-glaeubige_id_7448355.html.

16 Ein seriöses philosophisches Beispiel ist Norbert Hoersters »Frage nach Gott«, unmittelbar interpretiert als Frage nach der Existenz Gottes, die mit überzeugenden Argumenten verneint wird, also im Atheismus resultiert (vgl. Hoerster 2005).

17 Draper 2017, Abschnitt 1.

18 Dies gilt auch für die sogenannte negative Theologie, die im Wesentlichen sagen will, welche Eigenschaften Gott nicht hat. Wie können wir dies jedoch wissen, wenn wir nicht bereits über einen bestimmten Gottesbegriff verfügen? Der religiöse Agnostizismus bestreitet jedoch, dass diese Bedingung erfüllbar ist (vgl. auch Kenny 2006, der geltend macht, dass die negative Theologie genauer betrachtet keinen Raum mehr für den Glauben lässt).

19 Oft wird Blaise Pascals bekanntes Argument zitiert, dass es gerade aus Sicht des religiösen Agnostizismus rational ist, an Gott zu glauben, weil wir damit nichts riskieren, aber für den Fall, dass Gott existiert, alles gewinnen – ein frühes rationales Argument zugunsten des Theismus. Moderne Agnostizisten stellen Pascals Überlegung neuerdings aber eine analoge Überlegung entgegen: (1) Wenn Gott existiert, dann ist es für einen rationalen Forscher nicht klar, ob Gott existiert. (2) Wenn es für einen rationalen Forscher nicht klar ist, ob Gott existiert, dann ist es rational, sich einer Annahme über die Existenz Gottes zu enthalten, also in Bezug auf Gott agnostisch zu bleiben. (3) Wenn es rational ist, in Bezug auf Gott agnostisch zu bleiben, dann wäre es für Gott irrational, darauf zu insistieren, dass der Glaube an Gott für kurzfristige oder langfristige personale Vorteile notwendig ist. (4) Wenn es für Gott irrational wäre, darauf zu insistieren, dass der Glaube an Gott für kurzfristige oder langfristige personale Vorteile notwendig ist, dann wäre es ungerecht von Gott, Personen lediglich wegen ihrer religiösen Haltung zu Gott zu belohnen oder zu bestrafen. (5) Wenn Gott existiert, dann ist Gott weder irrational noch ungerecht. Daraus folgt (6) Wenn Gott existiert, dann ist es für einen rationalen Forscher irrelevant, ob wir an Gott glauben oder nicht (vgl. z. B. McKim 2001; Feezell 2009). Die häufig zugunsten des Theismus angeführte Annahme, alle bekannten menschlichen Kulturen hätten an Göt-

ter geglaubt, wird neuerdings bestritten: Auf einer biologischen Ebene ist der religiöse Unglaube (*nonbelief*) für Menschen natürlich: »The cognitive science of religion, combined with ethnographic data for pre-industrial cultures, show that early humans, including many anatomically and behaviorally modern humans, originally lacked a concept of God and were religiously restricted to concepts of limited, and sometimes mean, supernatural agents. As a result, many [such humans] failed to believe in God or anything like God. The nonbelief in question was both naturally occurring and nonresistant« (vgl. Marsh, 2013, 359. Dazu auch Vandergriff 2016).

20 Vgl. Draper 2017, Abschnitt 2. Die akademische Religionswissenschaft versucht seit längerem die Religion ohne Gott zu erforschen, indem sie einen methodologischen religiösen Agnostizismus pflegt: ReligionswissenschaftlerInnen sollten sich aller eigenen religiösen Urteile über die von Ihnen untersuchten religiösen Phänomene enthalten, vgl. dazu Berger, P. L. 1969: The Sacred Canopy. Elements of a Sociological Theory of Religion. Garden City, New York. Smart, N. 1973: The Science of Religion and the Sociology of Knowledge, Princeton. Cox, J. 2004: Separating Religion from the ›Sacred‹: Methodological Agnosticism and the Future of Religious Studies. Religion: Empirical Studies, Ashgate. Kritisch dazu aus postmoderner Sicht Hufford, D. J. 1999: The Scholarly Voice and the Personal Voice: Reflexivity in Belief Studies, in McCutcheon, R. (Hrsg.) 1999: The Insider/Outsider Problem in the Study of Religion. London and New York, 294–310. Fitzgerald, T. 2000: The Ideology of Religious Studies. New York and Oxford.

21 Vgl. zur Übersicht über den religiösen Agnostizismus Draper 2017. Ferner z. B. Buckareff, Nagasawa (Hrsg.) 2016. Diller, Kasher, 2013. Gutting 2013. Le Poidevin 2010. Morris 1985. Nagel 1997. Oppy 1994. Schellenberg 2007. Im deutschsprachigen Raum hat es seit langem keine Analyse und Verteidigung des Agnostizismus mehr gegeben; im angelsächsischen Raum sind in neuerer Zeit einige Zeitschriften-Artikel zu diesem Thema erschienen, aber nur eine kurze Einführung in Buchform (Le Poidevin 2010, vgl. insgesamt die Bibliographie in Draper 2017). Das Buch von Kenny 2004 ist keine Monographie, sondern eine Sammlung von bereits publizierten Artikeln des Autors. Auch in diesen Artikeln argumentiert Kenny für den religiösen Agnostizismus aufgrund der Schwächen theistischer und atheistischer Beweise (ähnlich wie in Kenny 1983). Der im Folgenden erläuterte und verteidigte religiöse Agnostizismus kann *realistisch* genannt werden, denn er besagt, dass wir tatsächlich nichts über Gott wissen können, im Gegensatz zum methodologischen Agnostizismus, der in der modernen Religionswissenschaft verbreitet ist und lediglich fordert, dass sich die Religionswissenschaft methodologisch der deskriptiven Er-

forschung religiöser Phänomene zu widmen und sich dabei eines Urteils über die erforschten Glaubensinhalte zu enthalten hat, vgl. z. B. Bell, Taylor 2014.

22 Das Programm der rationalen Theologie ist von vielen antiken, mittelalterlichen und frühmodernen Denkern unterstützt worden, zum Beispiel von Aristoteles, Cicero, Thomas von Aquin und David Hume. In den letzten Jahrzehnten hat die rationale Theologie einen neuen Aufschwung erlebt, sowohl unter Theisten (z. B. Swineburne 1987, Tetens 2015) als auch unter Atheisten (z. B. Dawkins 2006, Beckermann 2013) und unter Agnostizisten (z. B. Kenny 2004, Le Poidevin 2010).

23 Siehe dazu unten, Kap. 1.

24 Vgl. dazu auch unten, Kap. 5.

Teil I: Historische Grundlagen der Religionstheorie

1 Vgl. z. B. Brandom 2004.

2 Vgl. z. B. Audi 1998. Baumann 2002. Dancy, Sosa (Hrsg.) 1997. Ernst 2011. Greco, Sosa (Hrsg.) 1999. Grundmann 2008.

3 Vgl. z. B. Alston 1989. Dancy (Hrsg.) 1988. Jackson 1977. Marr 1982. McDowell 1994a. Strawson 1988.

4 Vgl. dazu und zum Folgenden genauer Schröder 2011 mit vielen Zitaten und Textbelegen.

5 Vgl. zur Einführung Amesbury 2017.

6 Vgl. dazu genauer Schröder 2011 und zum Pantheismus allgemein Mander 2016.

7 Vgl. Hobbes 1640, 11.2.

8 »We can have no conception or image of the Deity… <When we call God a spirit, then> this is not a name of anything we conceive, <but> a signification of our reverence«, vgl. Hobbes 1640, 11.3. Vgl. ebenso Hobbes 1651, 11.25, 12.6–9. Dazu Duncan 2017, Abschnitt 5.

9 Vgl. Hume 1975 XI, 11.26, 144 und 11.27, 145 f.

10 Vgl. auch oben S. 17 den Design-Beweis Gottes.

11 Hume 2016, 24.

12 Vgl. auch oben S. 17 den kausalen und den begrifflichen Existenzbeweis Gottes.

13 Hume 2016, 24 f.

14 Hume 2016, 41 f.

15 Hume 2016, 55. Philo macht insbesondere geltend, dass man Gott in einem präzisen Sinn weder Unendlichkeit (Hume 2016, 56) noch Geist zusprechen kann (Hume 2016, 123 ff.). Vgl. dazu im Ganzen auch Morris, Brown 2017, Abschnitt 8. Hume versucht in den *Dialogen* offen zu lassen,

welche Meinung er selbst vertritt, doch gibt es viele Indizien dafür, dass er meist mit Philo übereinstimmt. Vgl. auch Noxon 1976.

16 Morris, Brwon 2017, Abschnitt 8.2.

17 Vgl. Watkins 2009. Ray 2017.

18 Vgl. Draper 2017, Abschnitt 7. Vgl. auch Draper 2016. Gutting 2013. Kenny 1983. Le Poidevin 2010. Morris 1985. Schellenberg 2007.

19 Le Poidevin 2010, 76. Dazu gehört auch die Debatte um die Verborgenheit (*hiddenness*) von Gott, vgl. z.B. De Cruz 2016. Dougherty, McBrayer 2014. Evans 2006. Green, Stump (Hrsg.) 2016. Howard-Snyder, Moser (Hrsg.) 2002. Kvanvig 2002. Morris 1988. Poston, Doughtery 2007. Schellenberg 1993. Trisel 2012.

20 Kenny 1983, 84–85.

21 Vgl. Frg. 15–16 Diels/Kranz.

22 Vgl. Diels 1957, 19–20.

23 Wainwright 2017.

24 Wainwright 2013.

25 Platon, *Politeia* VI, 509b.

26 Plotin, *Enneaden* V.6 (Nr. 24) und V.3 (Nr. 49).

27 Eine gute Übersicht zu diesem Konzept bietet Hermann 2010.

28 Vgl. Swinburne 1987, 114–116.

29 Dawkins 2006, 31.

30 Eine überzeugende Kritik dieser Einschätzung präsentiert Keeley (2007).

31 Vgl. Gerhardt 2016, bes. 70–71.

32 Das Konzept des Ganzen – die Menge aller Dinge (»Dinge« weit gefasst als beliebige Entitäten) – scheitert allerdings an einem inneren Widerspruch, der sich als eine der Cantor'schen Paradoxien darstellen lässt, vgl. unten, Kap. 4.

33 Vgl. Tetens 2015, besonders die Abschnitte 2–4.

34 So Tetens 2015, 12 im Anschluss an Beckermann 2012, 6 f.

35 So Tetens 2015, 22 im Anschluss an Nagel 1992, Kap. IV.

36 Vgl. z.B. Craig, Moreland (Hrsg.) 2000. Papineau 2016.

37 Vgl. Fodor 1974. List, Menzies 2009. List, Menzies 2010.

38 Vgl. Papineau 2016, Abschnitt 1.4.

Teil II: Gott und die Unendlichkeit

1 Vgl. oben, Kapitel 2, S. 27.

2 Aristoteles, Physik VI 9, 239 b14 – 20.

3 Vgl. dazu genauer Huggett 2010.

4 Aristoteles, Physik VI 9, 239 b9.

5 Tapp 2011, 94.

6 Vgl. Augustinus: De Civitate Dei XII, 19 (vgl. z. B. The City of God Against the Pagans, trans. Philip Levine, Cambridge, MA 1966, vol. IV, 89–91).

7 Anselm von Canterbury 2005, Kap. 2: Gott ist »aliquid quo nihil maius cogitari potest« und »id quo nihil maius cogitari nequit«.

8 Anselm von Canterbury 2005, Kap. 15.

9 Vgl. Thomas von Aquin 1980, Buch 1 cap. 43 nr. 4–9, hrsg. v. Busa, S. 11c, nr. 5, 8–9.

10 Vgl. ebd., nr. 10–11, 11c–12a.

11 Vgl. ebd., nr. 12–13, 12a.

12 Zur Unendlichkeit Gottes sagt das erste Vatikanische Konzil: »The holy, catholic, apostolic and Roman church believes and acknowledges that there is one true and living God, creator and lord of heaven and earth, almighty, eternal, immeasurable, incomprehensible, infinite in will, understanding and every perfection« (vgl. Norman Tanner (ed.), Decrees of the Ecumenical Councils, vol. 2: Trent to Vatican II, 1990, 805). Doch das Prädikat *incomprehensible* widerspricht den übrigen Zuschreibungen.

13 Vgl. dazu Tapp 2011, 93–94.

14 Vgl. Johannes Duns Scotus 2002, quaestio 1–2, Absatz 50–53. Siehe auch Johannes Duns Scotus 1950, quaestio 1–2, sectiones 111–136.

15 Vgl. Johannes Duns Scotus 1994, Kap. IV, Absätze 68–87.

16 Spinoza, Ethik Teil 1, Definition 6. Isaac Newton nimmt an, dass Gott alle Dinge in seinem Wahrnehmungsapparat im unendlichen Raum unmittelbar gegeben sieht: »Does it not appear from phaenomena, that there is a Being incorporeal, living, intelligent, omnipresent, who, in infinite space, as it were in his sensory, sees the things themselves intimately … and comprehends them wholly by their immediate presence to himself …?« (Newton 1964, Buch 3, query 28, 238). Auch Leibniz meint, dass nur Gott »die ganze Unendlichkeit« des Universums deutlich überschaut, während die anderen Geister »die Unendlichkeiten« nur »verworren« erkennen (Leibniz 1959, Vorwort, S. XXXI; vgl. auch Leibniz 1966, § 60, 449).

17 Spinoza Ethik, Teil 1, Lehrsätze 14–15, Teil 2, Lehrsätze 1–2, 9, 15.

18 Descartes 1965, 102. Vgl. auch Descartes, *Principia*, Teil 1, §§ 26–27. Damit pickt Descartes eine der Formen von Unendlichkeit heraus, die – wie oben gezeigt – Thomas von Aquin Gott zugeschrieben hatte.

19 Diese Diagnose wird zum Beispiel gestützt durch William Craigs genaue Analyse der Position Hegels und seiner modernen Nachfolger, vgl. Craig 2012; ferner Menegoni, Illetterati (Hrsg.) 2003. Tapp hat neuerdings darauf hingewiesen, dass Hegels Unendlichkeitsbegriff den Vorteil invol-

viert, das Gemeinsame der verschiedenen Unendlichkeitsbegriffe vornehmlich in Religion und Mathematik zu artikulieren (vgl. Tapp 2011). Aber dann ist diese Gemeinsamkeit aufgrund der – auch von Tapp eingeräumtem – Vagheit der Hegel'schen Konzeption weitgehend uninteressant. Nach Kreis 2015 ist Hegels Überlegung ein Teil seiner generellen Strategie, sogenannte Begriffe zu entwickeln, die sich widerspruchsfrei auf alle beliebigen Dinge anwenden lassen. Kreis macht geltend, dass dieser Lösungsversuch daran scheitert, dass die Idee einer Menge oder totalen Gesamtheit aller Dinge widersprüchlich ist, wie später gezeigt wurde (vgl. unten S. 55 f.).

20 Tetens 2015, 33, 35.

21 Diese Differenz kommt vor allem darin zum Ausdruck, dass mentale Zustände Korrektheitsbedingungen aufweisen, also korrekt-oder-inkorrekt sind (dazu genauer unten, Kapitel 5).

22 Zu einem sehr ähnlichen Resultat kommt Tapp: »In general, ›infinity‹ is assigned to God in several different senses. One may classify these senses in the following way: (1) Quantitative sense: (i) God's properties are infinite in the sense that they are infinitely extended (e.g. omniscience = knowing infinitely many propositions); (ii) God's properties are infinite in the sense that they are infinitely intense (e.g. omnipotence = having infinite power). (2) Eminent sense: God's properties surpass the properties of (finite) creatures or they are attributed to him in a way different from the way in which they are attributed to creatures (e.g. perfect goodness and being good in a way that somehow exceeds all creaturely goodness). (3) Metaphysical/precategorical sense: God's essence is beyond natural reality which is taken to be characterized by a metaphysical sense of finitude.« Die eminente Version ist die perfektionistische Unendlichkeit, und die metaphysische Version ist die negative (nicht-endliche) Unendlichkeit (vgl. Tapp 2011, Abschnitt 2, S. 95).

23 In einige Formen qualitativer Unendlichkeit scheint auch die quantitative Unendlichkeit hineinzuspielen. Einige christliche Denker haben zum Beispiel, wie oben gezeigt, Gottes perfektes, uneingeschränktes Wissen auch dadurch beschrieben, dass Gott unendlich vieles denken kann, also unendlich viele Gedanken hat.

24 Wainwright 2017, Introduction.

25 Vgl. I. Kant: Kritik der reinen Vernunft A 426 (= B 454) – A 433 (= B 461) zur Antinomie der Unendlichkeit. Kreis 2015 hat eine interessante Interpretation dieser kantischen Überlegung entwickelt. Nach Kreis behandelt Kant die Antinomien des Unendlichen mit einer limitativen Dialektik: Er greift auf seinen transzendentalen Idealismus zurück, der den Bereich dessen, was wir wissen können, auf empirische Erfahrung

beschränkt. Die Paradoxien des Unendlichen sind jedoch erfahrungstranszendent und haben daher keinen Wahrheitswert, das heißt keinen definitiven Inhalt und können daher nicht gedacht werden. So gesehen würde Kants Auffassung dem im Folgenden entwickelten agnostischen Argument in hohem Maße entsprechen.

26 Zu einer unterhaltsamen Geschichte der Mathematik im Ringen mit der Unendlichkeit vgl. z. B. Taschner 1999. Vgl. zum Folgenden auch Kreis 2015.

27 Einige Kommentatoren argumentieren sogar, dass (S) wahr ist, weil die Dezimalentwicklung von π unendlich ist.

28 Vgl. Lorenzen 1957 und zum Inhalt (zu Korrektheitsbedingungen) für das Denken genauer unten, Kapitel 5. Vgl. z. B. auch Carl Friedrich Gauß (1777–1855), der sich strikt gegen die Idee einer aktualen Unendlichkeit ausgesprochen hat: »So protestiere ich … gegen den Gebrauch einer unendlichen Größe als einer Vollendeten, welcher in der Mathematik niemals erlaubt ist. Das Unendliche ist nur eine façon de parler, indem man eigentlich von Grenzen spricht, denen gewisse Verhältnisse so nahe kommen, als man will, während andern ohne Einschränkung zu wachsen verstattet ist.« (Brief von Gauß an Schumacher vom 12.7.1831, vgl. Gauß, Schumacher, 1957, 269). Gauß akzeptiert also nur den Rückgriff auf potentielle Unendlichkeit.

29 Wittgenstein 1975, § 144, § 126, § 129.

30 Vgl. Rodych 2011, Abschnitt 2.2. Diese Position nehmen alle Vertreter der sogenannten intuitionistischen Mathematik ein, vgl. zum Überblick Horsten 2016, Abschnitt 2. Vgl. dazu auch Kreis 2015.

31 Vgl. dazu Gentzen 1934. Kaminski 1988. López-Escobar 1985. MacFarlane 2015. Lorenz, Lorenzen 1978.

32 Dieses Argument kann nicht dadurch beschädigt werden, dass man anzweifelt, ob sich mathematischen Entitäten wie etwa Zahlen oder Mengen eine Existenz zuschreiben lässt. Oder anders formuliert, es kann nicht behauptet werden, dass das Argument nur durchgeht, wenn man metaphysischer Platonist ist. Denn das vorgeführte Argument darf voraussetzen, dass von Mengen mit unendlich vielen Elementen die Rede ist, die in jeder möglichen akzeptablen Variante von Existenz existieren. Schließlich reden wir von Gott, und Gottes »Teile« existieren aufgrund seiner Perfektion in jeder möglichen Existenzweise.

33 Vgl. dazu genauer (und mit vielen Belegen) Tapp 2011a.

34 Hier ist der entscheidende Textbeleg in Cantors Schriften für diese Interpretation: »Das Transfinite […] weist mit Notwendigkeit auf ein Absolutes hin, auf das ›wahrhaft Unendliche‹, an dessen Größe keinerlei Hinzufügung oder Abnahme statthaben kann und welches daher quantitativ als absolutes Maximum anzusehen ist. Letzteres übersteigt gewissermaßen

die menschliche Fassungskraft und entzieht sich namentlich mathematischer Determination« (Cantor 1932, 405–406). »Daß wir auf diesem Wege immer weiter, niemals an eine unübersteigbare Grenze aber auch zu keinem auch nur angenäherten Erfassen des Absoluten gelangen werden, unterliegt für mich keinem Zweifel. Das Absolute kann nur anerkannt, aber nie erkannt, auch nicht annähernd erkannt werden.« (Cantor 1932, 206).

35 Vgl. zum Folgenden vor allem Kreis 2015.

36 Vgl. dazu auch Kreis, Schick, Sommer, Stekeler-Weithofer, 2017: In diesem Buch-Symposion zu Kreis 2015 setzen sich Schick, Sommer und Stekeler-Weithofer kritisch mit Kreis auseinander und versuchen Wege aufzuzeigen, das Unendliche widerspruchsfrei zu denken. Schick und Sommer befassen sich allerdings nur mit der Hegel-Interpretation von Kreis, die im Kontext des vorliegenden Essays weniger bedeutsam ist. Nur Stekeler-Weithofer geht auf die mathematischen Argumente ein, favorisiert aber eine wohlbekannte Version der Mengenlehre, die die problematische Idee einer Allmenge axiomatisch unterbindet. Ich schließe mich der Replik von Kreis auf diesen Einwand voll an.

37 Wie Kreis 2015 zeigt, machen neuere Studien geltend, dass auch totale Gesamtheiten, die nicht Cantor'sche Mengen sind – also Gesamtheiten, die wir mit unbeschränkten Allquantoren der Art »für *alle* Dinge x gilt« adressieren, Widersprüche erzeugen. Ich gebe hier als Beispiel einen dieser Widersprüche in der Darstellung von Kreis an, weil man es wohl kaum besser und verständlicher ausdrücken kann: »Wenn es uneingeschränkt alle Gegenstände gäbe, dann müßte es eine Identitätsabbildung aller Gegenstände auf sich selbst geben. Angenommen also, das sei so. Wir können zwei Listen anfertigen: Auf der ersten stehen alle Gegenstände, auf der zweiten alle Gegenstände, mit denen sie identisch sind, also sie selbst. Unter allen Gegenständen sind auch die Interpretationen formaler Sprachen. Manche Gegenstände auf der zweiten Liste interpretieren ein beliebiges Prädikat *F* der von ihnen interpretierten Sprache daraufhin, ob es auf sie selbst zutrifft oder nicht. Nehmen wir diejenige Interpretation IN, unter der das Prädikat *F* auf genau diejenigen Interpretationen zutrifft, unter denen *F* jeweils nicht auf diese Interpretationen selbst zutrifft. Da auf der zweiten Liste alle Gegenstände stehen, muß dort auch IN stehen. Dann muß es aber auch einen Gegenstand auf der ersten Liste geben, von dem IN der Zuordnungswert ist. Aber es kann ihn nicht geben, weil das Prädikat *F* auf ihn genau dann zutrifft, wenn es nicht auf ihn zutrifft. Also kann es keine Identitätsabbildung aller Gegenstände auf sich selbst geben« (Kreis 2015, 433).

Teil III: Gott und Geist

1 Vgl. dazu auch Kenny 2004, 46–61 (»God and Mind«). Kenny selbst fasst seine Position zu diesem Thema so zusammen: »If we are to attribute intelligence to any entity – limited or unlimited, cosmic or extra-cosmic – we have to take as our starting point our concept of intelligence as exhibited by human beings: we have no other concept of it. Human intelligence is displaced in the behavior of human bodies and in the thoughts of human minds. If we reflect on the active way in which we attribute mental predicates such as ›know‹, ›believe‹, ›think‹, ›design‹, ›control‹ to human beings, we realize the immense difficulty there is [in] applying them to a putative being which is immaterial, ubiquitous and eternal. It is not just that we do not, and cannot, know what goes on in God's mind, it is that we cannot really ascribe a mind to God at all. The language that we use to describe the contents of human minds operates within a web of links with bodily behavior and social institutions. When we try to apply this language to an entity outside the natural world, whose scope of operation is the entire universe, this web comes to pieces, and we no longer know what we are saying« (vgl. Kenny, A. 2006: *What I Believe, London, New York,* pp. 52–53). Die Argumentation in Kapitel 6 unten im Verein mit Kapitel 4 oben geht entschieden über Kennys Position hinaus.

2 Tetens 2015, 34 f.

3 Die folgende Darstellung geht von der gegenwärtigen Mainstream-Position in der interdisziplinären Theorie des Geistes aus (siehe z. B. Beckermann 2001. Guttenplan (Hrsg.) 1994. Heil 1998. Kim 1996. Metzinger 2010. Liptow 2013. Detel 2014, 1.3).

4 Die Engführung des Geistbegriffes erfolgte vor allem im frühmodernen Cartesianismus: René Descartes betrachtete den Geist als Organ des Denkens. Und die deutsche idealistische Philosophie (Fichte, Schelling, Hegel) identifizierte den Geist mit dem Bewusstsein oder gar mit dem Selbstbewusstsein. Diese Auffassung verschmolz nicht selten mit der christlichen Lehre, dass Geist und Seele humanspezifisch sind. Die aristotelische Tradition und in der Frühmoderne zum Beispiel Leibniz hatten eine weitherzigere Auffassung, denn sie sahen zum Beispiel auch Wahrnehmungen als geistige Phänomene an und billigten Tieren eine Art von Seele zu.

5 Diese allgemeine Bestimmung macht deutlich, dass die Standardtheorie des Geistes, von der die vorliegende Studie ausgeht, eine Variante ist, die gewöhnlich *Eigenschaftsdualismus* genannt wird: Das Geistige ist durch geistige Eigenschaften gekennzeichnet, die gegenüber physischen Eigenschaften spezifisch sind. Diese Variante der modernen Geisttheorie

ist weit verbreitet, doch ist sie nicht die einzige Variante auf dem heutigen Markt. Eine ernsthafte Alternative ist der *Beschreibungsdualismus,* demzufolge wir gewisse Entitäten in unterschiedlichen Vokabularen beschreiben können (etwa in einem physikalischen und einem geist-theoretischen Vokabular), ohne dass diese unterschiedlichen Beschreibungen jedoch auf irgendwelche ontologischen Unterschiede verweisen. Doch lässt der Beschreibungsdualismus die Angemessenheit oder Unangemessenheit dieser verschiedenen Beschreibungen als Mysterium erscheinen. Vor allem aber ist diese Position unvereinbar mit dem Resultat jüngerer Forschungen der kognitiven Psychologie, dass semantische Netzwerke und phänomenales Bewusstsein tatsächlich existieren, das heißt in unserem kognitiven Apparat tatsächlich operativ sind (vgl. – um nur zwei von vielen Belegen zu nennen – Metzinger (Hrsg.) 2001 sowie die einschlägigen Kapitel aus Anderson 2007. Für eine ausführlichere Diskussion dieser Frage vgl. Detel 2009).

6 Auch Artefakte oder Eigenschaften von Artefakten haben faktische Funktionen. Ein Thermostat hat zum Beispiel die faktische Funktion, eine bestimmte Temperatur als Normalbedingung in einem Haus aufrechtzuerhalten. Hier handelt es sich aber offenbar nicht um eine echte Funktion.

7 Wahr-oder-falsch sind zum Beispiel Meinungen, erfüllt-oder-nicht-erfüllt sind zum Beispiel Wünsche.

8 Vgl. z.B. Metzinger 2010, Pitt 2013. Zu den Korrektheitsbedingungen sind die Wahrheitsbedingungen, aber auch die Erfüllungsbedingungen zu zählen. Die These, dass das Aufweisen von Korrektheitsbedingungen eine elementare Eigenschaft *aller* mentalen Zustände ist, mag zunächst überzogen klingen. Meinungen zum Beispiel weisen zwar Korrektheitsbedingungen auf, aber was ist zum Beispiel mit Schmerzen oder dem Hören von Musik? Auf S. 60f. bzw. S. 66 wird tatsächlich gezeigt, dass nahezu alle Gefühle und Wahrnehmungen – selbst in nicht-sprachlicher Form – semantische Gehalte und damit Korrektheitsbedingungen aufweisen.

9 Zur externalistischen Semantik vgl. z.B. Putnam 2013. Kallestrup 2012. Lyre 2010. Preyer 2002. Zur Teleosemantik vgl. z.B. Millikan 1984, 1999. Neander 1991a, 1991b. Detel 2001, 2001a. Detel, Samson 2002. Kallestrup formuliert den Zusammenhang zwischen Repräsentation und einer funktionalen Lerngeschichte so:»To see that Janet's jumper is red and to believe that apples are wholesome are both mental states. These states are also representational. To say that a mental state is representational is to say that it serves the function of being about something in the world, or that it takes the world to be a certain way… The way a state representates the world as being is its representational content. In particular, being in

a belief state involves being in a state that can be true or false… Some mental states also have phenomenal characters. To say that a perceptual experience has a phenomenal character is to say that there is something it is like for the subject who undergoes that experience.« Kallestrup 2012,1.

10 Dieser Aspekt der Semantik ist neuerdings am umfassendsten von Brandom ausgearbeitet worden, vgl. z. B. Brandom 2004.

11 Vgl. z.B. Anderson 2007, 183–186.

12 Es ist das historische Verdienst der klassischen deutschen idealistischen Philosophie (Fichte, Schelling, Hegel), dieses Kennzeichen hervorgehoben zu haben. Allerdings haben ihre Vertreter den Bogen überspannt und den Geist mit dem Bewusstsein identifiziert. Die Repräsentationalität und Funktionalität haben sie dabei übersehen. Außerdem haben sie den Bewusstseinsbegriff nicht genau genug analysiert.

13 Vgl. z.B. Metzinger (Hrsg.) 2001, van Gulick 2014.

14 Wenn wir allerdings sagen, dass Maria das Bewusstsein verlor, so meinen wir, dass sie ohnmächtig wurde und sinnliche Reize nicht mehr für eine vorteilhafte Verhaltenssteuerung ausnutzen konnte. Das Bewusstsein, das Maria verloren und hoffentlich wiedergewonnen hat, ist kein mentaler Selbstbezug.

15 Zum Überblick vgl. De Sousa 2013.

16 Vgl. oben, Kapitel 2.

17 Vgl. z.B. Solomon (Hrsg.) 2004. Nussbaum 2004. Stephan, Walter (Hrsg.) 2003. Griffith 1997.

18 Vgl. Millikan 1995. Diesen Namen hat Ruth Millikan gewählt, weil Drücken (pushing) und Ziehen (pulling) anschauliche Bilder für die motivationale Komponente dieser Repräsentationen sind. Die in der traditionellen Philosophie lange vorherrschende Trennung zwischen Beschreiben und Vorschreiben oder zwischen konstatierendem Denken und dem zum Handeln motivierenden Willen wird in diesem Konzept aufgehoben.

19 Vgl. Sousa 1987. Slaby u.a. (Hrsg.) 2011.

20 Immanuel Kant beispielsweise betonte, dass der Mensch unter keinen Umständen als Mittel zu externen Zwecken instrumentalisiert werden darf, denn jeder Mensch ist in sich ein Endzweck und insofern seiner Natur nach in keiner Weise von externen Faktoren abhängig (also frei). Für Kant ist der Mensch in der Lage, allein aufgrund seiner Willensfreiheit eine Kausalkette zu initiieren. Georg Wilhelm Friedrich Hegel verstand Freiheit im Kern als radikales Bei-Sich-Sein des Geistes, also ebenfalls als maximale Unabhängigkeit von externen Ursachen. Freiheit operiert nicht auf der Ebene der Kausalität. Diese Freiheitskonzeption wurde auch dadurch begründet, dass der Geist im Wesentlichen mit Bewusstsein gleichgesetzt wurde (aus heutiger Sicht eine unangemessene Engführung des

Geist-Begriffes). Bewusstsein ist aber im Kern mentaler Selbstbezug oder mentale Selbstreflexion, also ein »Bei-Sich-Selbst-Sein«.

21 Vgl. z.B. *Das Manifest* 2004. Eine mildere neurowissenschaftliche Position findet sich z. B. in *Memorandum »reflexive Neurowissenschaft«* 2014. Welche – völlig überflüssige – Aufregung das neurowissenschaftliche Menschenbild ausgelöst hat, zeigt exemplarisch folgendes Zitat: »Was uns als Deutschen Ethikrat … besonders interessiert, ist die Frage, was diese Bilder vom Gehirn mit unserem Menschenbild zu tun haben … Man sagt, <das Gehirn> sei die Grundlage unseres Denkens und die Ursache unserer Handlungen, noch bevor wir uns überhaupt bewusst zum Handeln entschieden haben, ja, unser ganzes Ich sei in den Verbindungen aller Nervenzellen zu finden … Dieses Menschenbild zieht allerdings ethische Kontroversen nach sich … insbesondere, wenn … sogar der freie Wille als Illusion bezeichnet wird (Christiane Woopen, Vorsitzende des Deutschen Ethikrates, auf der Herbsttagung 2013 (Thema *Neurobildgebung und das Bild des Menschen*), vgl. Informationen und Nachrichten aus dem Deutschen Ethikrat VKZ 64247; No. 14, Dezember 2013; ganz ähnlich im Tagungsbericht »Homo Neurobiologicus«: Expertentagung der Hanns-Seidel-Stiftung am 21./22. Juni 2012).

22 Der sukzessive Zerfall eines Radium-Atoms besteht zum Beispiel aus indeterminierten Einzelereignissen. Im Bereich mittlerer Größen, zu denen unsere Handlungen, neuronalen Gehirnaktivitäten und Gedanken gehören, scheint absolute Freiheit (reiner Zufall) nicht aufzutreten.

23 Vgl. z. B. Fischer, Ravizza 1998. Pauen 2004. Beckermann 2005. Detel 2006. McKenna, Coates 2016.

24 Vgl. z. B. Goschke 2009, 2004.

25 Die positive Nachricht ist, dass wir nicht überwiegend genetisch determiniert sind. Die genetische Struktur des Menschen ist relativ einfach. Nach neuesten Schätzungen haben wir Menschen weniger als 40000 Gene und damit bestenfalls etwa doppelt so viele Gene wie der gerade ein Millimeter lange *Caenorhabditis elegans*, ein Fadenwurm mit genau 959 Zellen, seine Keimzellen nicht eingerechnet. Und die Taufliege *Drosophila*, ein etwa zwei Millimeter großes Insekt, hat nach jüngsten Vorhersagen sogar rund 5000 Gene weniger als der Fadenwurm. Dagegen bringt es die Ackerschmalwand – ein beliebtes Studienobjekt der Pflanzengenetiker – auf immerhin 27000. Unsere Gene können – wie Genforscher frustriert feststellen mussten – nur wenig an unserem Denken und Handeln erklären. Vor ca. zwei Jahrzehnten ist jedoch eine revolutionäre neue biologische Theorie – die *Epigenetik* – entwickelt worden (und inzwischen auch bereits mit einem Nobelpreis bedacht worden), die nachweist, dass soziale Faktoren und soziales Lernen die Struktur der Gene beeinflussen können.

Wir Menschen sind zwar nicht genetisch, wohl aber epigenetisch stark. Die Epigenetik räumt mit dem bis dahin ehernen Grundsatz auf, dass das, was genetisch fixiert ist, nicht erlernbar ist, und das, was erlernbar ist, nicht genetisch fixiert werden kann.

26 Damit ist das legendäre Leib-Seele-Problem berührt, auf das wir uns hier nicht einlassen können. Die Literatur dazu ist kaum noch überschaubar. Einen guten Einstieg bietet Beckermann 2011.

27 Ein herausragender klassischer Text dazu ist Gallagher 2005. Für eine kurze Zusammenfassung und eine Liste der wichtigsten Literatur zu diesem Thema vgl. Detel 2014, Abschnitt 1.2.

28 Vgl. Tapp 2011a, Abschnitt 5.

29 Tetens 2015, 33–36.

30 Swinburne 1987, 120–121.

31 Ebd., 114–119.

32 Tetens 2015 mit Fußnote 6.

33 Vgl. oben, Kapitel 1.

34 So formuliert Swinburne 1987, 115, im Gegensatz zu Tetens, für den Gott die gesamte Realität umfasst, in dem Sinne, dass alles in Gott ist und dass insbesondere das, was er denkt, Realität ist (Tetens 2015, 15).

35 Swinburne 1987, 116.

36 Tetens 2015, 36.

37 Vgl. Detel 2018, KP. 6.

38 Tetens 2015, 37–38.

39 Vgl. G.W.F. Hegel: Vorlesungen über die Philosophie der Religion I, III 2 c: Übergang zum spekulativen Begriff der Religion (Werke in 20 Bänden, Bd. 16; Frankfurt a.M. 1969, 198). Siehe dazu auch Gerhardt 2016, 74 f.

40 Vgl. McDowell 1994, vor allem die *Introduction* zur zweiten englischen Auflage von 1996.

41 Denn das empirische Denken ist nach McDowell die Grundlage für das Denken überhaupt.

42 Siehe Sellars 1956.

43 Kant betont, dass Anschauungen ohne begriffliche Strukturierung blind (also inhaltsleer) sind und dass die menschlichen Anschauungen daher meist immer schon durch Kategorien strukturiert sind. Gelegentlich denkt er aber auch über Anschauungen nach, die nicht begrifflich strukturiert sind, und zwar nicht nur über reine, sondern auch über empirische Anschauungen, z. B. wenn er bemerkt: »Durch die Anschauung, die einem Begriffe gemäß ist, wird der Gegenstand gegeben; ohne dieselbe wird er bloß gedacht. Durch diese bloße Anschauung ohne Begriff wird der Gegenstand zwar *gegeben*, aber nicht *gedacht*, durch den Begriff ohne korrespondierende Anschauung wird er gedacht, aber keiner gegeben; in

beiden Fällen wird also nicht erkannt« (Über die Fortschritte der Metaphysik, Beilage I 2, Abs. V 3). Und diese Anschauungen ohne Begriff sind, oder wären, ohne Inhalt. Das ist es, was McDowell hier zustimmend bemerkt. Versteht man allerdings empirische Anschauungen bei Kant als empirische Wahrnehmung, so haben Kant und McDowell unrecht. Wie die Teleosemantik zeigt, haben nicht-begriffliche empirische Wahrnehmungen durchaus einen semantischen Gehalt, vgl. z. B. Detel 2001.

44 Zur Teleosemantik vgl. oben, S. 70.

45 Vgl. dazu genauer das allgemeine Schema dieser Transformation in der Schlussbemerkung, S. 87 f.

46 Tetens 2015, 35. Das ist eine Version des objektiven Idealismus.

Schlussbemerkung

1 Zu diesem komplexen Thema vgl. die Übersicht bei Scott 2017.

2 Vgl. dazu z. B. Soskice 1985. Swinburne 1991. In diesen Arbeiten werden allerdings keine akzeptablen modernen Metapherntheorien verwendet.

3 Oft werden lediglich einzelne metaphorische Ausdrücke gebraucht, zum Beispiel wenn »Lebensabend« für »Alter« gesagt wird. Aber natürlich lasen sich diese metaphorischen Ausdrücke fast immer in prädikative Form bringen, zum Beispiel: Das Alter ist der Abend des Lebens. Dies gilt auch für atttributive Metaphern (»Schwarze Milch der Frühe«: eine der berüchtigten Metaphern bei Paul Celan), Kompositionsmetaphern (»Parteienlandschaft«), Appositionsmetaphern (»Und dein Schweigen, ein Stein«) oder Genitivmetaphern (»der Zahn der Zeit«).

4 Dieses Kriterium ist nur eine notwendige Bedingung, die für meine Zwecke ausreicht. Max Black hat mit Recht auf die Schwierigkeit aufmerksam gemacht, notwendige und hinreichende Kriterien für die Identifizierung von Metaphern zu entwickeln. Viele Metaphern scheinen beispielsweise nicht nur falsche, sondern kalkuliert absurde Sätze zu sein – Sätze, in denen eine Art von Kategorienfehler vorliegt (wie in »Die Zahl sieben ist rot«). Man könnte daher auch logisch stärkere Kriterien erwägen, z. B. dass eine Metapher der Form »A ist B« ein falscher Satz ist derart, dass für alle semantischen Inferenzen D von A Sätze der Form »A(x) und D(x)« inkonsistent sind. Oder man könnte den Fall einbeziehen, dass »A ist B« überhaupt nicht wahrheitswertdefinit ist. Aber ich möchte diese Diskussion hier nicht vertiefen. Für die folgenden Überlegungen reicht es anzunehmen, dass paradigmatische begriffliche Metaphern jedenfalls falsche Sätze sind. Falls für einige Metaphern zum Beispiel die erwähnten stärkeren Kriterien zutreffen, geht die folgende Analyse ebenfalls durch.

5 Zu einer nachhaltigen Kritik der Auffassung, die religiöse Sprache beruhe auf Analogien und Metaphern, vgl. auch v. Kutschera 1990, Abschnitt 1.4.

6 Vgl. oben, Kapitel 3.

7 Vgl. dazu zum Beispiel drei neue Bücher zur Urknall-Theorie, verfasst von ausgewiesenen Kosmologen, in denen die neuesten Entwicklungen dieser Theorie dargestellt werden: Clark 2017, eine auch für Laien verständliche Einführung in die moderne Kosmologie und in die bisherige Urknall-Theorie, die jedoch auch die neue Karte vom Echo des Urknalls (veröffentlicht am 21. März 2013 von der Europäischen Weltraumorganisation ESA) und deren Konsequenzen für die Weiterentwicklung der Urknall-Theorie berücksichtigt. Ferner Allday 2017, eine eher technische, auf Physiker zugeschnittene Diskussion der Urknall-Theorie aus der Perspektive der Partikel-Physik. Und schließlich Fahr 2016, eine auch für Laien verständliche Einführung in die Kontroversen innerhalb der modernen Kosmologie, die insbesondere auch die Probleme, Rätsel und offenen Fragen der gegenwärtigen Urknall-Theorie betont.

8 Vgl. dazu Haidt 2011, 243–280. Der renommierte US-amerikanische Psychologe Jonathan Haidt hat speziell über die Psychologie der Transzendenz und der Reinheit geforscht, insbesondere über die zugehörige Basisemotion, den Ekel, der hilft, das Unreine vom Reinen zu unterscheiden (wobei das Reine bereits als göttlich, heilig, transzendent gilt): Ekel als Wächter des Mundes: Unterscheidung zwischen Essbarem und Nicht-Essbarem; Ekel als Wächter des Körpers: Reinlichkeit, Vermeidung von körperlichen Abweichungen (Magerkeit, Körperausscheidungen, Verletzungen, Fettleibigkeit, Missbildung); Ekel als Wächter des Geistes: Differenz von Geist und Körper, Mensch und Tier (Körper als niedrige Hülle des erhabenen Geistes); und Reinlichkeitsrituale als Leiter vom Körper zum Geist. Die Ethik der Transzendenz kennzeichnet Haidt als Betonung des Göttlichen in jedem Menschen, das auf ein reines, von Ekel, Lust, Gier, Hass und sonstigen niederen Trieben freies Leben zielt, ausgerichtet auf Tugend und Moral. Haidt weist auch auf körperliche Symptome hin, die mit religiösen Gefühlen der Erhabenheit und Reinheit korreliert sind, namentlich Weiten der Brust, erhöhte Milchbildung bei stillenden Müttern, Ausschütten bestimmter Hormone (z. B. Ocytocin) und Aktivierung des Vagusnervs, des Hauptnervs des autonomen Nervensystems, der für Beruhigung und Ausgleich von Erregung sorgt.

9 Vgl. Dworkin 2014.

10 Vgl. Haidt 2011, Kap. 9.

11 Ein Bereich A von Dingen oder Eigenschaften superveniert über einem Bereich B von Dingen oder Eigenschaften, wenn jeder Unterschied

in A einem Unterschied in B entspricht, aber nicht umgekehrt. In diesem Sinne supervenieren zum Beispiel die ästhetischen Eigenschaften eines Musikstücks über seinen akustischen Eigenschaften.

12 Jackson 1998, 24.

13 Vgl. das Horkheimer-Zitat in Tetens 2015, 7.

14 Gerhardt 2016, 74 f.

15 So die kritische und zutreffende Diagnose in Schnädelbach 2009, der diese Tendenz sogar als selbstzerstörerisch für den religiösen Glauben betrachtet. Die philosophisch geschliffene Form des religiösen Wunschdenkens ist die pragmatistische Religionsphilosophie, paradigmatisch vertreten von William James (1842–1910), Harvard-Professor für Psychologie. Wahrheit bedeutet aus pragmatischer Sicht, dass ein Gedanke oder eine Aussage wahr ist, wenn sie nützlich für das menschliche Handeln ist. Wahr aus Sicht des Pragmatismus ist, was funktioniert. Und für die Religion bedeutet das, dass sie wahr ist, wenn sie den Gläubigen nützt. Und dass religiöse Überzeugungen den Gläubigen eher nützen als schaden, wird als empirisch gesichert angesehen. Siehe dazu auch Beckermann 2013, Kap. 9 (Nachwort: Ohne Glauben leben). Beckermann kritisiert ebenfalls das religiöse Wunschdenken, plädiert jedoch für ein Leben nicht nur ohne Gott, sondern auch ohne jede Art von Religiosität. Sein frommer Atheist tut alles, um sein Leben ohne die schützende Hand eines Gottes standhaft zu meistern, bedauert allerdings zugleich, dass es nun einmal keinen Gott gibt.

16 Dworkin 2014, 11. Dworkin fährt fort: »Das ist das Thema dieses Buches« – eines Buches, das er im Angesicht seines nahenden Todes geschrieben hat.

Literaturverzeichnis

Allday, J. 2017: *Quarks, leptons and the big bang*, London und New York.

Alston, W. P. 1989: *The Reliability of Sense Perception*, Ithaca/London.

Amesbury, R. 2017: »Fideism«, *The Stanford Encyclopedia of Philosophy* (Fall 2017 Edition), Edward N. Zalta (ed.), URL = <https://plato.stanford.edu/archives/fall2017/entries/fideism/>.

Anderson, J. 2007: *Kognitive Psychologie*, Berlin/Heidelberg.

Anselm von Canterbury 2005: *Proslogion/Anrede*, hrsg. u. übers. v. Robert Theis, Stuttgart.

Assmann, J. 2003: Die mosaische Unterscheidung oder der Preis des Monotheismus, München.

– 2015: Exodus. Die Revolution der Alten Welt, München.

– 2016: Totale Religion. Ursprünge und Formen puritanischer Verschärfung, Wien.

Audi, R. 1998: *Epistemology: Contemporary Introduction to Theory of Knowledge*, London.

Ayer, A. J. 1946: *Language, truth, and logic*. New York.

Baumann, P. 2002: *Erkenntnistheorie*, Stuttgart.

Beckermann, A. 2001: *Analytische Einführung in die Philosophie des Geistes*, Berlin/New York.

– 2005: »Neuronale Determiniertheit und Freiheit«. Information Philosophie 2/2005, 7–18.

– 2011: *Das Leib-Seele-Problem: Eine Einführung in die Philosophie des Geistes*, München.

– 2012: »Naturwissenschaften und manifestes Weltbild«. Deutsche Zeitschrift für Philosophie 60, 5–26.

– 2013: *Glaube*, Berlin/Boston.

Bell, E.; Taylor, S. 2014: »Uncertainty in the study of belief: the risks and benefits of methodological agnosticism«. International Journal of Social Research Methodology 17, 543–557.

Brandom, R. 2004: *Begründen und Begreifen*, Frankfurt/Main.

Brewer, B. 2002: *Perception and Reason*, Oxford.

Buckareff, A; Nagasawa, Y. (Hrsg.) 2016: *Alternative Concepts of God: Essays on the Metaphysics of the Divine*, Oxford.

Cantor, G. 1932: *Gesammelte Abhandlungen mathemathischen und philosophischen Inhalts*, ed. E. Zermelo, Berlin (Reprint Hildesheim² 1962).

Clark, S. 2017: *Das unbekannte Universum : Raum, Zeit und die moderne Kosmologie*, Berlin und Heidelberg.

Coplan, A.; Goldie, P. (Hrsg.) 2011: *Empathy. Philosophical and Psychological Perspectives,* Oxford.

Craig, W. 2012: »Pantheists in Spite of themselves«. American Theological Inquiry 5, 3–23.

Craig, W.; J. Moreland, J. 2000: *Naturalism: A Critical Analysis*, London.

Dancy, J.; Sosa, E. (Hrsg.) 1997: *A Companion to Epistemology*, Oxford.

– (Hrsg.) 1988: *Perceptual Knowledge*, Oxford.

Das Manifest. Elf führende deutsche Neurowissenschaftler über Gegenwart und Zukunft der Hirnforschung. Was wissen und können Hirnforscher heute? Gehirn & Geist, 6/2004, online http://www.spektrum.de/thema/das-manifest/852357.

Dawkins, R. 2006: *The God Delusion*, London u.a.

De Cruz, H. 2016: »Divine Hiddenness and the Cognitive Science of Religion«, in: Green, Stump (Hrsg.) 2016: 53–67.

De Sousa, R. 2013: »Emotion«. *The Stanford Encyclopedia of Philosophy* (Spring 2014 Edition), Edward N. Zalta (ed.), URL = <https://plato.stanford.edu/archives/spr2014/entries/emotion/>.

Department of Psychology, Stanford University 2007: *Cognition Textbook*, Ch. 11: »Motor Cognition and Mental Simulation«, http://www-psych.stanford.edu/~ashas/Cognition%20Textbook /chapter11. pdf.

Descartes, René 1965: *Meditationen über die Grundlagen der Philosophie mit den sämtlichen Einwänden und Erwiderungen*, übers. u. hrsg. v. Artur Buchenau, Hamburg.

Detel, W. 2001: »Teleosemantik. Ein neuer Blick auf den Geist?« Deutsche Zeitschrift für Philosophie 49, 465–491.

– 2001a: »Haben Frösche und Sumpfmenschen Gedanken? Einige Probleme der Teleosemantik«. Deutsche Zeitschrift für Philosophie 49, 601–626.

– 2006: »Perspektiven einer Freiheitstheorie«. Deutsche Zeitschrift für Philosophie 54, 349–374.

– 2008: »Aristoteles und die Metapher,« in: Hingst, K.M. M.; Liatsi, M. (Hrsg.) 2008: *Pragmata. Festschrift für Klaus Oehler*, Tübingen 2008, 13–22.

- 2009: »Naturalismus und intentionaler Realismus,« in: Becker, A.; Detel, W. (Hrsg.) 2009: *Natürlicher Geist. Beiträge zu einer undogmatischen Anthropologie*, Berlin 2009, 13–64.
- 2014: *Kognition, Parsen und rationale Erklärung. Elemente einer allgemeinen Hermeneutik*. Frankfurt/Main.
- 2015: *Grundkurs Philosophie Band 3: Philosophie des Geistes und der Sprache*, Stuttgart.
- 2018: *Eine schulenübergreifende Systematik der modernen Psychoanalyse*, Gießen.

Detel, W.; Samson, B. 2002: »Zum Begriff nicht-mathematischer Funktionen«. Analyse und Kritik 24, 100–129.

Dougherty, T. 2016: »Skeptical Theism«, *The Stanford Encyclopedia of Philosophy* (Winter 2016 Edition), Edward N. Zalta (ed.), URL = <https://plato. stanford.edu/archives/win2016/entries/skeptical-theism/>.

Diels, H. 1957: *Die Fragmente der Vorsokratiker*, Reinbek bei Hamburg.

Diller, J.; Kasher, A. 2013: *Models of God and Alternative Ultimate Realities*, Dordrecht.

Diller, J. 2016: »Global and Local Atheisms«. International Journal for Philosophy of Religion 79 (1): 7–18. doi:10.1007/s11153-015-9550-1.

Dougherty, T.; McBrayer, J. 2014: *Skeptical Theism: New Essays*, New York, Oxford.

Draper, P. 2016: »Where Skeptical Theism Fails, Skeptical Atheism Prevails«. Oxford Studies in Philosophy of Religion 7, 63–80.

- 2017: »Atheism and Agnosticism«, *The Stanford Encyclopedia of Philosophy* (Fall 2017 Edition), Edward N. Zalta (ed.), forthcoming URL = <https://plato.stanford.edu/archives/fall2017/entries/atheism-agnosticism/>.

Duncan, S. 2017: »Thomas Hobbes«, *The Stanford Encyclopedia of Philosophy* (Summer 2017 Edition), Edward N. Zalta (ed.), URL = <https://plato.stanford.edu/archives/sum2017/entries/hobbes/>.

Dworkin, R. 2014: *Religion ohne Gott*, Frankfurt/Main.

Ernst, G. 2011: *Einführung in die Erkenntnistheorie*, Darmstadt.

Evans, C.S., 2006, »Can God Be Hidden and Evident at the Same Time? Some Kierkegaardian Reflections«. Faith and Philosophy 23: 241–253.

Fahr, H. J. 2016: *Mit oder ohne Urknall: Das ist hier die Frage*, Berlin.

Feezell, R. 2009: »Religious Ambiguity, Agnosticism, and Prudence.« Florida Philosophical Review Volume IX, Issue 2, 90 – 120.

Fischer, J. M.; Ravizza, M. 1998: *Responsibility and Control: An Essay on Moral Responsibility*, Cambridge.

Fodor, J. 1974: »Special Sciences or: The Disunity of Science as a Working Hypothesis«. Synthese 28, 97–115.

Gallagher, S. 2005. *How the Body Shapes the Mind*, New York.

Gauß, C. F.; Schumacher, C. H. 1957: Briefwechsel, hrsg. v. Ch. A. F. Peters, Hildesheim.

Gentzen, G., 1934: »Untersuchungen über das Logische Schliessen«. Mathematische Zeitschrift 39, 176–210; 405–431.

Gerhardt, V. 2016: *Glauben und Wissen. Ein notwendiger Zusammenhang*, Stuttgart.

Goschke, T. 2004: »Vom freien Willen zur Selbstdetermination«. Psychologische Rundschau 55, 186-197. https://doi.org/10.1026/0033-3042.55.4.186

– 2009: »Ist Willensfreiheit eine Illusion? Willentliche Handlungssteuerung aus der Sicht der experimentellen Psychologie und kognitiven Neurowissenschaft«. Report Psychologie 32, 80–97.

Greco, J.; Sosa, E. (Hrsg.) 1999: *The Blackwell Guide to Epistemology*, Oxford.

Green, A.; Stump E. (Hrsg.) 2016: *Hidden Divinity and Religious Belief: New Perspectives*, New York.

Griffith, P. 1997: *What Emotions Really Are. The Problem of Psychological Categories*, Chicago/London.

Grundmann, T. 2008: *Analytische Einführung in die Erkenntnistheorie*, Berlin.

Guttenplan, S. (Hrsg.) 1994: *A Companion to the Philosophy of Mind*. Malden MA.

Gutting, G. 2013: »Religious Agnosticism«. Midwest Studies in Philosophy 37, 51–67. doi:10.1111/misp.12002.

Haidt, J. 2011: *Die Glückshypothese*, Kirchzarten 2011.

Heil, J. 1998: *Philosophy of Mind – A Contemporary Introduction*. London.

Hermann, F.G. 2010: »Greek Religion and Philosophy: The God of the Philosopher,« in: Ogden, D. (Hrsg.) 2010: *A Companion to Greek Religion*, London, Kap. 24.

Hobbes, T. 1640: *The Elements of Law*, in: J.C.A. Gaskin (ed.) *The Elements of Law, Natural and Politic*, Oxford 1990.

– 1651: *Leviathan*, in: E. Curley (ed.), *Leviathan, with selected variants from the Latin edition of 1668*, Indianapolis 1994.

– 1662: *An Answer to Bishop Bramhall's Book, called »The Catching of the Leviathan«*, in: W. Molesworth (ed.), *The English Works of Thomas Hobbes*, London 1839–40, 4.279–384.
Hoerster, N. 2005: *Die Frage nach Gott*, München.
Horsten, L. 2016: »Philosophy of Mathematics«, *The Stanford Encyclopedia of Philosophy* (Winter 2016 Edition), Edward N. Zalta (ed.), URL = https://plato.stanford.edu/archives/win2016/entries/philosophy-mathematics/.
Howard-Snyder; Moser, S. (Hrsg.) 2002: *Divine Hiddenness: New Essays*, New York.
Huggett, N. 2010: »Zeno's Paradoxes«, *The Stanford Encyclopedia of Philosophy* (Winter 2010 Edition), Edward N. Zalta (ed.), URL = <https://plato. stanford.edu/archives/win2010/entries/paradox-zeno/>.
Hume, D. 1975: *Enquiries concerning Human Understanding and concerning the Principles of Morals*, edited by L.A. Selby-Bigge, 3rd ed. revised by P. H. Nidditch, Oxford..
– 2016: *Dialoge über natürliche Religion*, übers. u. hrsg. von Lothar Kreimendahl, Hamburg (Übersetzung der Ausgabe Hume, D. 1976: *Dialogues concerning Natural Religion*, Oxford 1976 (ed. J.V. Price)).

Jackson, F. 1977: *Perception: A Representative Theory*, Cambridge.
– 1998: *From Metaphysics to Ethics*, Oxford.
Johannes Duns Scotus 1950: *Ordinatio liber primus, distinctio prima et secunda*, hrsg. v. Carl Baltic, Vatikanstadt.
– 1994: *Abhandlung über das erste Prinzip*, hrsg. u. übers. v. Wolfgang Kluxen, Darmstadt.
– 2002: *Die Univozität des Seienden. Texte zur Metaphysik*, hrsg. v. Tobias Hoffmann, Göttingen.

Kallestrup, J. 2012: *Semantic Externalism*, New York.
Kaminski, M. 1988: »Nonstandard Connectives of Intuitionistic Propositional Logic«. Notre Dame Journal of Formal Logic 29, 309–331.
Keeley, B. (2007: »God as the Ultimate Conspiracy Theory«. Episteme, 4 (2), 135–149.
Kenny, A. 1983: *Faith and Reason*, New York.
– 2004: *The unknown God: agnoistic essay*, London.
– 2006: »Worshipping an Unknown God«. Ratio 19, 441–453.
Kim, J. 1996: *Philosophy of Mind* (dtsch. *Philosophie des Geistes*, Berlin 1998).
Kreis, G. 2015: *Negative Dialektik des Unendlichen. Kant, Hegel, Cantor*. Frankfurt/Main.

Kreis, G.; Schick, F.; Sommer, M.N.; Stekeler-Weithofer, P. 2017: »Lässt sich das Unendliche widerspruchsfrei denken? Ein Buchsymposium zu Guido Kreis' *Negative Dialektik des Unendlichen*: Kant, Hegel, Cantor«. Hegel-Studien 51, 163–193.

Kutschera, F. von 1990: *Vernunft und Glaube*, Berlin, New York.

Kvanvig, J. 2002: »Divine Hiddenness: What is the Problem?«, in: Howard-Snyder, Moser 2002, 149–163.

Le Poidevin, R. 2010: *Agnosticism: A Very Short Introduction*, Oxford. doi:10.1093/actrade/9780199575268.001.0001.

Leibniz, G.W. 1959: *Neue Abhandlungen über den menschlichen Verstand*, Buch I–II, Darmstadt.

– 1966: *Monadologie*, in: ders., *Hauptschriften zur Grundlegung der Philosophie*, Band II, Hamburg, 435–456.

Liptow, J. 2013: *Philosophie des Geistes zur Einführung*, Hamburg.

List, C.; Menzies, P. 2009: »Non-Reductive Physicalism and the Limits of the Exclusion Principle«. Journal of Philosophy 106, 475–502.

– 2010: »The Causal Autonomy of the Special Sciences«, in: Macdonald, C.; Macdonald, G. (Hrsg.) 2010: *Emergence in Mind*, Oxford.

López-Escobar, E.G.K. 1985: »On Intuitionistic Sentential Connectives. I«. Revista Colombiana de Matemáticas 19, 117–130.

Lorenz, K.; Lorenzen, P. 1978: *Dialogische Logik*, Darmstadt.

Lorenzen, P. 1957: »Das Aktual-Unendliche in der Mathematik«. Philosophia naturalis 4, 3–11.

Lyre, H. 2010: »Erweiterte Kognition und mentaler Externalismus«. Zeitschrift für philosophische Forschung 64,190–215.

MacFarlane, J. 2015: »Logical Constants«, *The Stanford Encyclopedia of Philosophy* (Summer 2015 Edition), Edward N. Zalta (ed.), URL = https://plato.stanford.edu/archives/sum2015/entries/logical-constants/.

Mander, W. 2016: »Pantheism«, *The Stanford Encyclopedia of Philosophy* (Winter 2016 Edition), Edward N. Zalta (ed.), URL = <https://plato.stanford.edu/archives/win2016/entries/pantheism/>.

Marsh, J, 2013: »Darwin and the Problem of Natural Nonbelief«. The Monist, 96 (3), 349–376.

Marr, D. 1982: *Vision*, San Francisco.

McDowell, J. 1994: *Mind and World*, Cambridge MA (dtsch. *Geist und Welt*, Frankfurt/Main 1998).

– 1994a: »The Content of Perceptual Experience«. Philosophical Quarterly 44, 190–205.

McFague, S. 1983: *Metaphorical Theology: Models of God in Religious Language*, London.

McKenna, M.; Coates, D. J. 2016: »Compatibilism«, *The Stanford Encyclopedia of Philosophy* (Winter 2016 Edition), Edward N. Zalta (ed.), URL = <https://plato.stanford.edu/archives/win2016/entries/compatibilism/>.

Memorandum »reflexive Neurowissenschaft« 2014 (https://www.psychologie-heute.de/home/lesenswert/memorandum-reflexive-neurowissenschaft/).

McKim, R. 2001: *Religious Ambiguity and Religious Diversity*, Oxford.

Menegoni, F.; Illetterati, L. (Hrsg.) 2003: *Das Endliche und das Unendliche in Hegels Denken: Hegel-Kongress in Padua und Montegrotto Terme 2001*, Stuttgart.

Metzinger, T. (Hrsg.) 2001: *Bewusstsein*, Paderborn.

– 2010: *Grundkurs Philosophie des Geistes. Bd. 1: Bewusstsein*. Paderborn.

Millikan, R. 1984. *Language, Thought, and Other Biological Categories*. Cambridge MA.

– 1995: »Pushmi-Pullyu-Repräsentations«. Philosophical Perspectives 9, 185–200.

Morris, T. V. 1985: »Agnosticism«. Analysis 45 (4): 219–224. doi:10.1093/analys/45.4.219.

– 1988: »The Hidden God«. Philosophical Topics 16 (2), 5–21.

Morris, W. E.; Brown, C. R. 2017: »David Hume«, *The Stanford Encyclopedia of Philosophy* (Spring 2017 Edition), Edward N. Zalta (ed.), URL = <https://plato.stanford.edu/archives/spr2017/entries/hume/>.

Nagel, T. 1992: *Der Blick von Nirgendwo*, Frankfurt/Main.

– 1997: *The Last Word*, Oxford.

Neander, K. 1991: »The Teleological Notion of ›Function‹«. Australasian Journal of Philosophy 69, 454–468.

– 1991a: »Functions as Selected Effects: the Conceptual Analyst's Defence«. Philosophy of Science 58, 168–184.

Neidhart, L. 2008: *Unendlichkeit im Schnittpunkt von Mathematik und Theologie*, 2 Bände, Göttingen.

Newton, I. 1964: *Opera quae exstant omnia*, Bd. 4 (Faks.-Neudr. der Ausg. von Samuel Horsley, London 1779–1785 in fünf Bänden), Stuttgart.

Nickel, G. 2017: Kurzschlüsse oder fruchtbare wechselseitige Irritationen – Begegnungen von Mathematik und Theologie bei Nikolaus von Kues und Georg Cantor, in: Hoff, G.M.; Korber, N. (Hrsg.) 2017:

Interdisziplinäre Forschung? Annäherungen an einen strapazierten Begriff, Freiburg/München, 150–187.
Noxon, J. 1976: »In Defence of Hume's Agnosticism«. Journal of the History of Philosophy, 14 (4), 469–473.
Nussbaum, M. 2004: »Emotions as judgements of value and importance«. In: Solomon (Hrsg.) 2004, 183–199.

Oppy, G. 1994: »Weak Agnosticism Defended«. International Journal for Philosophy of Religion 36 (3), 147–67.

Pannenberg, W. 1983: *Anthropologie in theologischer Perspektive*, Göttingen.
– 1987: *Wissenschaftstheorie und Theologie*, Göttingen.
– 2006: »Contributions from Systematic Theology,« in: Clayton, C. (Hrsg.) 2006: *The Oxford Handbook of Religion and Science*, Oxford, 359–371.
Papineau, D. 2016: »Naturalism«, *The Stanford Encyclopedia of Philosophy* (Winter 2016 Edition), Edward N. Zalta (ed.), URL = <https://plato. stanford.edu/archives/win2016/entries/naturalism/>.
Pauen, M. 2004: *Illusion Freiheit?* Frankfurt/M.
Pitt, D. 2013: »Mental Representation«, *The Stanford Encyclopedia of Philosophy* (Fall 2013 Edition), Edward N. Zalta (Hrsg.), URL = <http://plato.stanford.edu/archives/fall2013/entries/mental-representation/>.
Poston, T.; Doughtery, T. 2007: »Divine Hiddenness and the Nature of Belief«. Religious Studies 43 (2), 183–198.
Preyer, G. 2002: »Von der radikalen Interpretation zum Triangulationsexternalismus«. Zeitschrift für philosophische Forschung 56, 255–273.
Putnam, H. 2013: »The Development of externalistic Semantics«. Theoria 79, 192–203.

Ray, M. A. 2017. *Subjectivity and Irreligion: Atheism and Agnosticism in Kant, Schopenhauer and Nietzsche*, London.
Rodych, V. 2011: »Wittgenstein's Philosophy of Mathematics«, *The Stanford Encyclopedia of Philosophy* (Summer 2011 Edition), Edward N. Zalta (ed.), URL = https://plato.stanford.edu/archives/sum2011/entries/wittgenstein-mathematics/.

Schellenberg, J.L. 1993: *Divine Hiddenness and Human Reason*, Ithaca, NY.

– 2007: *The Wisdom to Doubt: A Justification of Religious Skepticism*, Ithaca and London.

Schnädelbach, H. 2000: Fluch des Christentums, in: DIE ZEIT Archiv: 11. Mai 2000.

– 2009: *Religion in der modernen Welt*, Frankfurt/Main.

Schröder, W. 2011: *Athen und Jerusalem. Die philosophische Kritik am Christentum in Antike und Neuzeit*, Stuttgart-Bad Cannstadt.

Scott, M. 2017: »Religious Language«, *The Stanford Encyclopedia of Philosophy* (Fall 2017 Edition), Edward N. Zalta (ed.), URL = <https://plato.stanford.edu/archives/fall2017/entries/religious-language/>.

Sellars, W. 1956: »Empiricism and the Philosophy of Mind«. Minnesota Studies in the Philosophy of Science, vol. I, H. Feigl & M. Scriven eds., Minneapolis, MN, 253–329.

Slaby, J.; Stephan, A.; Walter, H.; Walter, S. (Hrsg.) 2011: *Affektive Intentionalität. Beiträge zur welterschließenden Funktion der menschlichen Gefühle*, Paderborn.

Solomon, R.C. (Hrsg.) 2004: *Thinking about feeling: Contemporary philosophers on emotions*, New York.

Soskice, J. M. 1985: *Metaphor and Religious Language*, Oxford.

Sousa, R. 1987: *The Rationality of Emotions*, Cambridge/Mass. (dt. *Die Rationalität des Gefühls*, Frankfurt/Main 1997).

Stephan, A.; Walter, H. (Hrsg.) 2003: *Natur und Theorie der Emotion*, Paderborn.

Strawson, P.F. 1988: »Perception and its Objects«, in: Dancy J. (Hrsg.): *Perceptual Knowledge*, Oxford.

Swinburne, R. 1987: *Die Existenz Gottes*, Stuttgart.

– 1991, *Revelation: from Metaphor to Analogy*, Oxford.

Tapp, C. 2005: *Kardinalität und Kardinäle. Wissenschaftshistorische Aufarbeitung der Korrespondenz zwischen Georg Cantor und katholischen Theologen seiner Zeit*, Stuttgart.

– 2011: »Infinity in Mathematics and Theology«. Theology and Science 9, No.1, 91 – 100.

– 2011a: »Absolute Infinity – A Bridge between Mathematics and Theology?« In: Tennent, N. (Hrsg.) 2011: *Foundational Adventures. Essays in the Honor of Harvey M. Friedman*, London.

Taschner, R. 1999: *Das Unendliche. Mathematiker ringen um einen Begriff*, Berlin/New York.

Tetens, H. 2015: *Gott denken. Ein Versuch über rationale Theologie*, Stuttgart.

Thomas von Aquin 1980: *Opera Omnia*, hrsg. v. R. Bursa, Bd. 2: *Contra Gentiles*, Stuttgart.

Trisel, B.A. 2012: »God's Silence as an Epistemological Concern«. Philosophical Forum 43 (4), 383–393.

Van Gulick, R. 2014: »Consciousness«, *The Stanford Encyclopedia of Philosophy* (Summer 2017 Edition), Edward N. Zalta (ed.), URL = <https://plato.stanford.edu/archives/sum2017/entries/consciousness/>.

Vandergriff, K. 2016: »Natural Nonbelief as a Necessary Means to a Life of Choiceworthy Meaning«. Open Theology, 2 (1), 34–52.

Wainwright, W. 2013: »Monotheism«, *The Stanford Encyclopedia of Philosophy* (Fall 2013 Edition), Edward N. Zalta (ed.), URL = <https://plato.stanford.edu/archives/fall2013 /entries/monotheism/>.

– 2017: »Concepts of God«, *The Stanford Encyclopedia of Philosophy* (Spring 2017 Edition), Edward N. Zalta (ed.), URL = <https://plato.stanford.edu/archives /spr2017/entries/concepts-god/>. Introduction.

Watkins, E. 2009: »Kant on the Hiddenness of God«. Kantian Review 14, 81–122.

Wittgenstein, L. 1975: *Philosophical Remarks*, Oxford.